TIJUANA ES UN CAMPO DE CULTIVO DONDE FLORECEN, DESDE HACE TRES LOS MEJORES BOXEADORES DE MÉXICO. ESTA CALDERA, EN MEDIO DE UNA CIUDAD DE INMIGRANTES QUE SUEÑAN TREPAR AL PRIMER MUNDO Y DAMNIFICADOS POR EL CRIMEN ORGANIZADO, HA CONSEGUIDO QUE 18 BOXEADORES LLEGUEN A SER CAMPEONES DEL MUNDO EN LOS ÚLTIMOS 25 AÑOS. INCLUSO QUE ALGUNOS, COMO JULIO CÉSAR CHÁVEZ O ÉRIK "EL TERRIBLE" MORALES, ESTÉN EN LA EXCLUSIVA LISTA DE LOS MEJORES DE LA HISTORIA. Y TODO PARECE QUE SEGUIRÁ SIENDO IGUAL PARA LAS NUEVAS GENERACIONES, PUES ESTA TIERRA ESTÁ MUY CONSCIENTE DE LO QUE SIGNIFICA EL BOXEO EN LA VIDA DE SU GENTE.

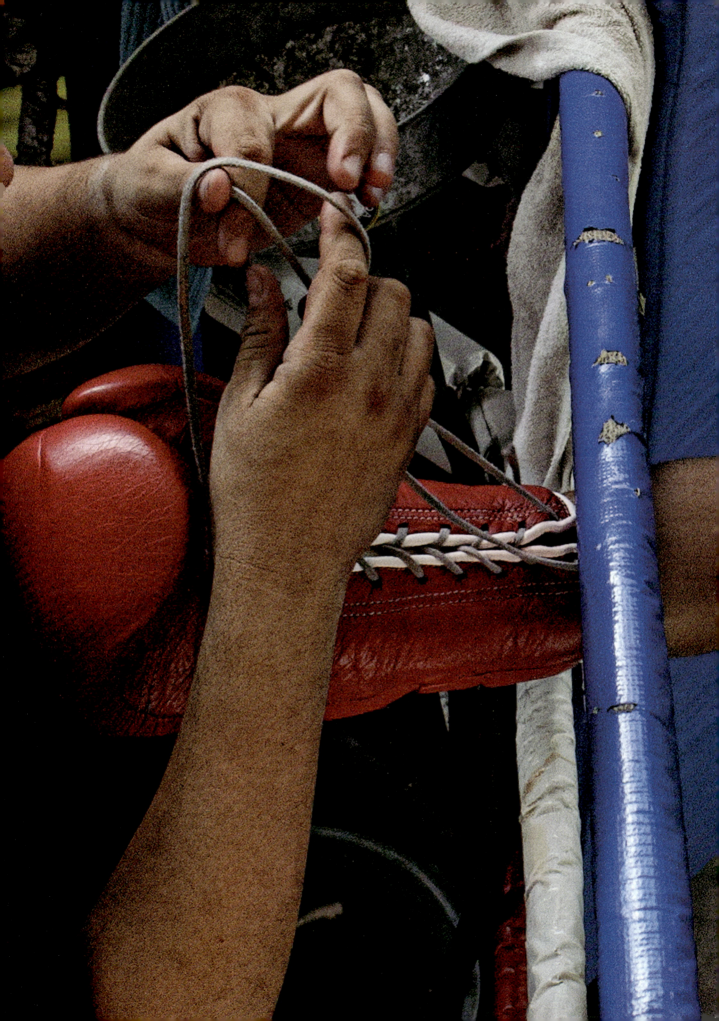

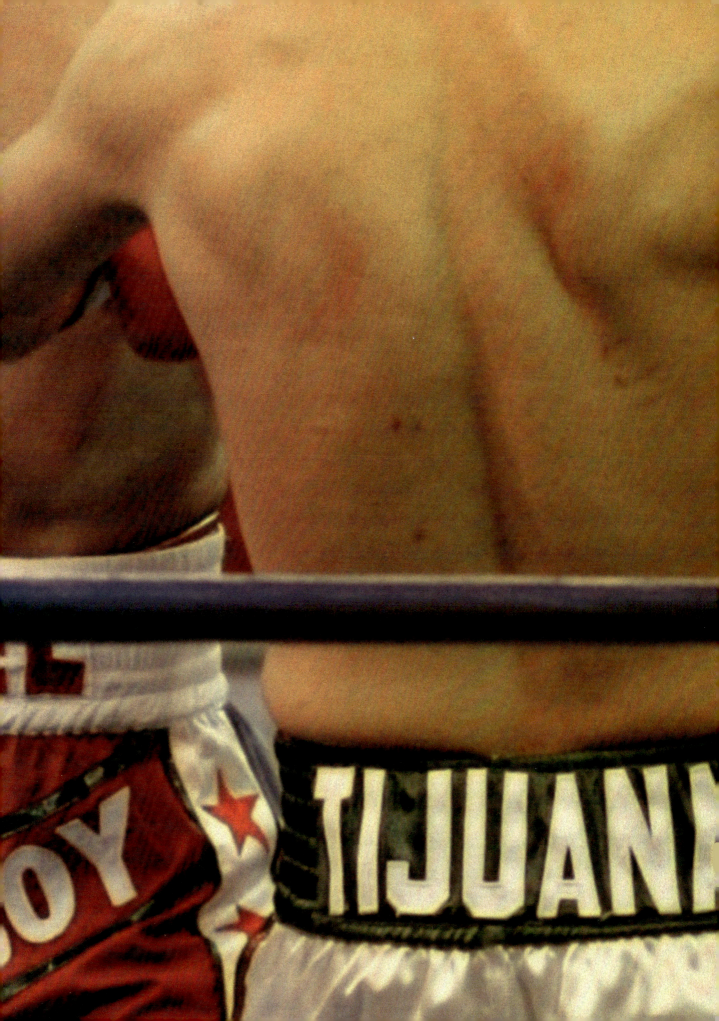

LA FÁBRICA DE BOXEADORES EN TIJUANA

★ OMAR MILLÁN ★ PRÓLOGO JON LEE ANDERSON ★

TRILCE EDICIONES

TRILCE EDICIONES

PRESENTA

LA FÁBRICA DE BOXEADORES EN TIJUANA

PRIMERA EDICIÓN 2012

© OMAR MILLÁN

PRÓLOGO © JON LEE ANDERSON

EDITORES DÉBORAH HOLTZ ★ JUAN CARLOS MENA

FOTÓGRAFOS JORGE DUEÑES ★ ALEX COSSÍO ★ SERGIO ORTIZ

DIRECCIÓN DE ARTE JUAN CARLOS MENA

 DISEÑO ISRAEL GUTIÉRREZ ★ LUCÍA OCHOA
KITZIA SÁMANO ★ EDGAR A. REYES

ASISTENCIA EN DISEÑO FERNANDO ISLAS ★ MONTSERRAT CASTRO

SUPERVISIÓN EDITORIAL SUSANA ECHEVARRÍA

CORRECCIÓN DE ESTILO JORGE SÁNCHEZ Y GÁNDARA

INFORMACIÓN EN PÁGINAS PRELIMINARES ELISA LAVORE (FUENTES IMJUVE, INEGI)

AGRADECEMOS LA COLABORACIÓN DE **GUILLERMO MAYÉN** Y LA **FAMILIA QUIRARTE GUZMÁN** POR EL PRÉSTAMO DE MATERIAL PARA LA REALIZACIÓN DE ESTE LIBRO.

TRILCE D. R. © TRILCE EDICIONES, S. A. DE C. V., CARLOS B. ZETINA 61, COLONIA ESCANDÓN, MIGUEL HIDALGO, 11800, MÉXICO, D. F., 5255 5804 ★ WWW.TRILCE.COM.MX ★ ISBN 978-607-7663-33-1

Todos los derechos reservados. Queda prohibida la reproducción total o parcial de esta obra por cualquier medio o procedimiento mecánico, fotográfico o digital sin previa autorización por escrito de los editores. **IMPRESO Y HECHO EN MÉXICO.**

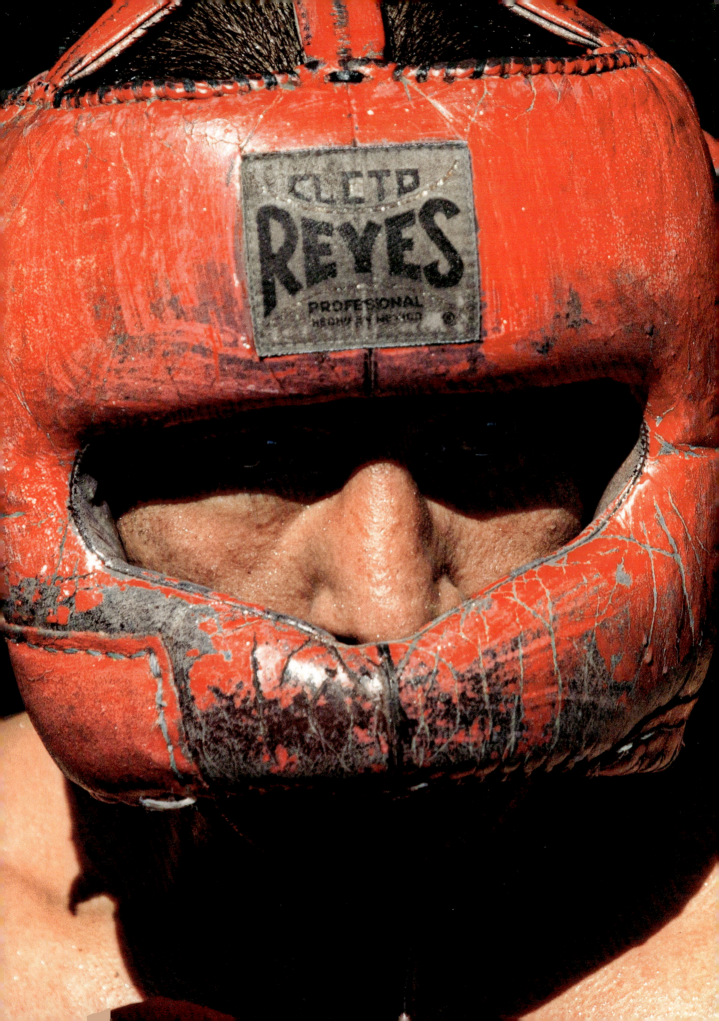

★ CARTEL DE LUJO ★

ANTES DE SUBIR AL RING P. 14
JON LEE ANDERSON

ROUND 1 P. 31
LA FÁBRICA DE BOXEADORES

ROUND 2 P. 83
P. 85 BOXEADORES AL FILO ★ P. 99 BUSCANDO LA INMORTALIDAD I: HUMBERTO "LA ZORRITA" SOTO ★ P. 107 BUSCANDO LA INMORTALIDAD II: CRISTÓBAL "LACANDÓN" CRUZ ★ P. 115 BUSCANDO LA INMORTALIDAD III: JACKIE "LA PRINCESA AZTECA" NAVA ★ P. 125 OTROS ROSTROS FEMENINOS DEL BOXEO
AL BORDE DEL RING

ROUND 3 P. 133
P. 137 LA HERENCIA DE JULIO CÉSAR CHÁVEZ ★ P. 147 UN BOXEADOR EXPLOTA: JUAN JOSÉ "DINAMITA" ESTRADA ★ P. 153 EL MONÓLOGO DEL "JÍBARO"
BOXEANDO LA VIDA

ROUND 4 P. 163
ESCENAS DE BOXEO

ROUND 5 P. 209
LOS DÍAS PREVIOS AL COMBATE DEL "MORITA"

ROUND 6 P. 227
DOS HISTORIAS DE PUGILISMO CERCA DE LA FRONTERA
P. 229 ALÍ Y LOS MORTALES ★ P. 233 UN MEXICANO DERROTA A UN "PRÍNCIPE"

ROUND 7 P. 243
EXTRAÑOS RETORNOS
P. 245 EXTRAÑO RETORNO I: ÉRIK "EL TERRIBLE" MORALES ★ P. 253 EXTRAÑO RETORNO II: ANTONIO MARGARITO "EL TORNADO DE TIJUANA"

ROUND 8 P. 263
ÉRASE UNA VEZ

ANTES DE SUBIR AL RING
JON LEE ANDERSON

LA MAYORÍA DE LAS PERSONAS QUZÁ NO PENSARÍAN EN TIJUANA COMO EN UN SITIO DE VIRTUD, O, LO QUE ES MÁS, DE NINGUNA CLASE DE DECORO. SIN DUDA, NADIE LA CONCEBIRÍA DE ESA FORMA EN LA ACTUALIDAD. A LA DISTANCIA, EL PAPEL QUE DESEMPEÑA LA CIUDAD —ES UN ESCENARIO ESTRATÉGICO DE LA REPULSIVA VIOLENCIA GENERADA POR LAS GUERRAS QUE PROTAGONIZA EL NARCOTRÁFICO EN MÉXICO— LA HACE VER, ANTES QUE NADA, COMO UN SEMILLERO DE LA PEOR CONDUCTA HUMANA. MÁS ALLÁ DE SU CRISIS VIGENTE, TIJUANA PARECE MALDECIDA, DE MANERA EXCEPCIONAL, POR EL HECHO DE UBICARSE JUSTO EN LA FRONTERA —HUMILLANTE Y DESIGUAL— CON ESTADOS UNIDOS; PARECE CONDENADA ETERNAMENTE A SER UN LUGAR DEL QUE SE QUIERE PARTIR Y AL QUE NUNCA SE QUIERE LLEGAR.

¿QUÉ ES, ENTONCES, TIJUANA? Hay parajes, en el interior de la urbe y en los suburbios, donde los asesinos tiran los cuerpos torturados de sus víctimas, como si fuesen basura de la que se hace alarde; hay clubes de *striptease* donde las mujeres se agachan, desnudas, frente a los rostros de los clientes para recibir mejor sus propinas: billetes de un dólar que se introducen, sin ninguna formalidad, dentro de sus vaginas. Y hay puntos ubicuos a lo largo de la valla fronteriza donde los desperdicios se esparcen para jamás ser recogidos, y donde las personas se atemorizan y corretean de un extremo al otro, como gatos, en esa tierra de nadie; personas consideradas delincuentes por su lugar de origen, su pobreza y su necesidad de sobrevivir. Sin embargo, Tijuana es también una ciudad ordinaria, en la que hombres y mujeres ordinarios forman familias ordinarias y trabajan duro en empleos honestos y ordinarios para alimentar y proporcionarles un techo y una educación a sus hijos. Para ellos, Tijuana es simplemente su ciudad, para bien o para mal: una urbe de México que, de modo azaroso, resulta estar emplazada en la frontera con los estadounidenses.

Si la batalla por la supervivencia, en todas sus formas, es lo que define a Tijuana de la manera más certera, el libro de Omar Millán, *La fábrica de boxeadores en Tijuana*, supone una reafirmación íntima del espíritu esencial de la ciudad. En su calidad de testimonio de uno de los muchos caminos que emprenden los tijuanenses para superar obstáculos, también se erige como un recordatorio de que no todas las luchas por la supervivencia son necesariamente sórdidas. Hay que tener agallas para convertirse en boxeador, y la valentía sigue siendo una de las virtudes que la humanidad reconoce, aun cuando ya no sea de utilidad o particularmente valorada en la vida diaria de las sociedades contemporáneas opulentas.

Como se trata de la última manifestación del viejo deporte sangriento que ejecutaban los gladiadores, el boxeo nunca fue un juego de hombres ricos. Los aristócratas ingleses del siglo XVIII no probaban su hombría golpeándose unos a otros con los puños; se retaban a duelo con pistolas o practicaban esgrima con espadas.

De hecho, el boxeo jamás ha sido solo un juego, sino más bien una forma de vida, una carrera basada en el rito de supervivencia más antiguo —combatir físicamente para preservar la propia vida— que se transformó en espectáculo. Y, como tal, le ha ofrecido a jóvenes de todo el mundo, y de todos los credos y razas, una ruta posible para escapar de la pobreza. Millán llama a esos jóvenes, con sabiduría y agudeza, "hombres a los que la vida no se ha detenido demasiado a contemplar".

La observación de Millán me hizo recordar que, apenas un par de años antes de convertirse en el campeón mundial de peso completo, Mike Tyson pasó sus días en las calles de Brooklyn como un robusto joven, iracundo y aterrador, que asaltaba a las mujeres para robarles sus bolsas de manera rutinaria. El repentino éxito de Tyson, y su riqueza, algo desconocido para él hasta entonces, no eliminó su instinto criminal, no de inmediato, pero finalmente le dio la oportunidad de adquirir una conciencia moral y, tras recorrer un camino zigzagueante, de alcanzar una suerte de redención. La historia del boxeo se compone de infinidad de relatos similares —en los que chicos de pequeñas ciudades se vuelven buenos— y, en la misma medida, de tragedias: victorias seguidas por derrotas, fracasos y ruina, hombres estafados por *managers* corruptos, adicción a las drogas, derrames cerebrales y demencia después de sufrir excesivos impactos en la cabeza. El libro de Millán es pródigo en este tipo de narraciones, contadas por hombres como Omar Avendaño, hijo de una mujer que fracasó en el intento de cruzar la frontera y no tuvo otra alternativa que establecerse en un barrio marginal de Tijuana cuando él era solo un niño. Avendaño, un excoyote y un exconvicto de apenas 21 años, está resuelto a triunfar como boxeador.

Parece natural que un deporte tan recio como el boxeo haya encontrado un sitio especial en el territorio de los sueños tijuanense. Millán nos dice que desde mediados de los ochenta, 18 campeones mundiales, incluidas grandes figuras como Julio César Chávez y Érik "el Terrible" Morales, surgieron de la "fábrica" de boxeo de Tijuana. En este extraordinario e irresistible homenaje a su ciudad natal, Millán nos muestra el lugar —el Gimnasio Crea— y a los promotores y réferis y *managers* y directores técnicos y, por supuesto, a los boxeadores que han hecho posible el fenómeno.

En cierto pasaje del libro, Millán rememora a la Tijuana de otros tiempos, de su juventud: una urbe cuyos cerros estaban desprovistos de barrios bajos, y donde él y sus cuates jugaban futbol. El autor comparte un momento sobrecogedor, que evidencia su amor y su odio hacia la urbe. Ray Solís, un tijuanense de 81 años, lo regaña, le recuerda la singular notoriedad de Tijuana como una fábrica de boxeo y afirma: "No se te olvide que en esta ciudad también hay cosas buenas".

Entre los incontables logros de la fábrica de boxeo tijuanense —una fuente inagotable de gloria en el pasado y un almacén vital de esperanza en el futuro—, se cuenta este libro asombroso que sale a la luz. Uno intuye que debe haberle brindado algún tipo de sosiego a Omar Millán, porque resulta indudable que, sin importar las transiciones que ha soportado su lugar de origen, Tijuana aún no ha perdido su alma.

> LA FRONTERA ENTRE TIJUANA Y SAN DIEGO ES LA MÁS TRANSITADA DEL MUNDO: MÁS DE 19 MILLONES DE PERSONAS LA CRUZAN CADA AÑO, ES DECIR, UN PROMEDIO DE 50 000 POR DÍA.

ROUND 1
LA FÁBRICA DE BOXEADORES

Amateurs aprenden el *abc* del boxeo. Estiramientos previos en el club **Crea** antes de empezar el trabajo del día ★ pp.30-31 El club de box **Crea,** sede de peleadores *amateurs* y profesionales que a diario entrenan desde hace cuatro décadas a la sombra de grandes leyendas que por ahí han pasado. Son muchos apodos, nombres y anónimos: hombres y niños a los que la vida no se ha detenido demasiado a contemplar. Algunos son hijos o sobrinos de boxeadores profesionales, y desde pequeños, olieron el boxeo como los hijos de los carpinteros la madera.

Los días comunes en el club **Crea.**

Es una tarde calurosa de julio, una multitud de boxeadores de piel morena, la mayoría con el pelo casi a rape, enfundada en pantaloncillos cortos de colores verdes, blancos y azules provoca una lluvia de sudor en el gimnasio CREA, un pequeño club de boxeo en forma de triángulo escaleno instalado debajo de las gradas de uno de los centros deportivos públicos más antiguos de Tijuana.

Don **Rómulo Quirarte** en sus dominios: el club Crea.

Los días rutinarios en el club Morán. El gimnasio de box del Auditorio Municipal de Tijuana, conocido como club Morán porque es atendido por Pedro Morán y su hijo, es otro semillero de grandes peleadores.

El púgil surgido de esta cantera tiene valentía y brinda espectáculo porque su estilo es de choque constante.

"Repetir una y otra vez los golpes hasta que se sientan como una extensión de su estado de ánimo."

EL SITIO ES SOMBRÍO, LAS PAREDES DE VARIOS MATICES DE GRISES APAGADOS, ESPEJOS ROTOS Y APARATOS DE BOXEO CUBIERTOS DE CINTA GRIS POR EL DESGASTE. Quienes entrenan ahí parecen respirar esa especie de apatía de finales del verano. El gimnasio resulta asfixiante. La humedad y el sudor penetran en lo más hondo de la nariz. Son más de cien hombres que saltan, lanzan sus puños y emiten sonidos guturales que se mezclan con los golpes secos de guantes y manoplas chocando.

"Por más de dos décadas este lugar ha sido un purgatorio social", me dice Rómulo Quirarte, el legendario entrenador que preparó en este sitio a Julio César Chávez, en 1984, para el combate contra Mario "Azabache" Martínez, que le daría a la postre su primer título mundial.

El gimnasio queda en el centro de una docena de barrios populares donde el crimen organizado fincó sus laboratorios de anfetaminas, bandas de traficantes de inmigrantes, casas de seguridad y escuadrones de sicarios. Miles de jóvenes intentan salir de ese infierno y algunos han llegado a este club, donde además de boxeo se les enseña valores humanos, disciplina, resistencia física y, sobre todo, a alejarse de la delincuencia.

"Aquí siempre les hemos dicho que primero está el estudio y después el boxeo. Es una condición que les ponemos si quieren seguir entrenando", dice don Rómulo, como le llaman todos en el gimnasio, un hombre que no cobra un salario a condición de que no se les cobre a los chicos.

Quirarte se parece físicamente al padre Carras de *El Exorcista*. A sus 61 años parece un sabio del boxeo y, por lo tanto, de la vida. Quizá por ello tiene un rostro contenido de dolor, como si algo en su interior lo inquietara.

Casi todos los que están aquí rebotando sus cuerpos y encajando golpes conocen a alguien que perdió la vida por sobredosis, asaltos o ajustes de cuentas. Como si el sufrimiento por la pérdida los fuera preparando para el dolor, pues el boxeo ante todo es estar dispuesto a soportar el dolor de los golpes y sobreponerse con valentía. "Si quieres la gloria, tienes que soportar la agonía", escribió el sociólogo-pugilista Loïc Wacquant. Una voz ronca e imprecatoria grita "diez" y todos los que hacen su rutina de golpes y gestos, aceleran su ritmo como una danza africana recién comenzada para después detener sus movimientos cuando la misma voz dice "tiempo" pasados los diez segundos. Entonces estiran los brazos, caminan un poco, voltean a ver si los entrenadores tienen alguna instrucción. Un minuto después comienza otra vez: tres minutos —un *round*— trotando sobre un mismo sitio y practicando diversos golpes.

Son muchos apodos, nombres y anónimos: hombres a los que la vida no se ha detenido demasiado a contemplar. Algunos son hijos o sobrinos de boxeadores profesionales y desde pequeños olieron el boxeo como los hijos de los carpinteros la madera.

Los cien boxeadores siguen entrenando aquí mientras otros 300 púgiles *amateur* y profesionales de la ciudad hacen lo mismo en los 14 clubes de boxeo públicos y privados de Tijuana. La Comisión de Boxeo tiene registrados a 80 peleadores en el boxeo de paga, pero no cuenta a los peleadores de otras partes de México que ingresan a los gimnasios de la ciudad para prepararse o afinar sus estilos rumbo a contiendas que sostendrán en Estados Unidos, Europa y Asia. Además de los cientos de púgiles *amateur* registrados en los comités de boxeo de aficionados. Casi con seguridad se puede afirmar que al menos uno de ellos llegará a un título universal.

Tijuana es un campo de cultivo donde florecen, desde hace tres décadas, los mejores boxeadores de

> "POR MÁS DE DOS DÉCADAS ESTE LUGAR HA SIDO UN PURGATORIO SOCIAL", ME DICE RÓMULO QUIRARTE, EL LEGENDARIO ENTRENADOR QUE PREPARÓ EN ESTE SITIO A JULIO CÉSAR CHÁVEZ, EN 1984, PARA EL COMBATE CONTRA MARIO "AZABACHE" MARTÍNEZ, QUE LE DARÍA A LA POSTRE SU PRIMER TÍTULO MUNDIAL.

Otro día más de entrenamiento en el club **Crea.**

México. Esta caldera, en medio de una ciudad de inmigrantes que sueñan trepar al primer mundo y damnificados por el crimen organizado, ha conseguido que 18 boxeadores lleguen a ser campeones del mundo en los últimos 25 años. Incluso que algunos, como Julio César Chávez o Érik "el Terrible" Morales, estén en la exclusiva lista de los mejores de la historia. Y todo parece que seguirá siendo igual para las nuevas generaciones, pues esta tierra está muy consciente de lo que significa el boxeo en la vida de su gente.

✦ ✦ ✦

EN LA SEMIOSCURIDAD DE UNA DE LAS ESQUINAS DEL CLUB DE BOXEO ESTÁ OMAR AVENDAÑO, UN PUGILISTA DE 19 AÑOS DE ROSTRO MORENO SURCADO POR LA ADOLESCENCIA, CUYO CUERPO PARECE EL DE UN NIÑO POR SU 1.60 METROS DE ESTATURA Y 59 KILOS. Le apodan "el Veracruz", porque nació en Tres Valles, un pequeño municipio agrícola de Veracruz que depende principalmente del cultivo de caña de azúcar.

Me cuenta, mientras venda sus manos, que al menos ahora debía llevar unas ocho peleas profesionales, y no dos como consta en su récord, de no ser porque estuvo en prisión nueve meses durante el año pasado.

Avendaño llegó a Tijuana en el 2000 luego que sus padres se divorciaron. Su madre pretendió cruzarlos ilegalmente a Estados Unidos por el desierto de Mexicali, pero tras dos intentos fallidos se quedaron a vivir en la emblemática colonia Libertad, un barrio situado a un costado del cerco metálico que divide el distrito de San Isidro, California, y Tijuana.

> **A LOS 16 AÑOS, ASEGURA, FUE ENTRENADO POR UN POLICÍA MUNICIPAL, QUIEN ALTERNABA SU EMPLEO CON EL OFICIO DE COYOTE.**

Imaginando que reta a su rival o solo un descanso y estiramiento del cuello antes de empezar su rutina con el costal.

Abdominales para endurecer "el escudo" que protegerá al cuerpo de los embates del rival.

Antonio "Cañitas" Lozada tras una agobiante sesión de guantes y ejercicios abdominales en el club **Crea** durante el verano de 2012.

A los 16 años, asegura, fue entrenado por un policía municipal, quien alternaba su empleo con el oficio de coyote, para ser guía de migrantes que querían cruzar hacia Estados Unidos por las montañas de Tecate.

Avendaño dice que perdió la cuenta de cuántos migrantes fueron guiados por él, "más de cien seguro"; pero no olvida los últimos cinco que ayudó a cruzar, pues fueron la disputa para que el policía que lo había entrenado lo metiera a la cárcel.

Según "el Veracruz", otro guía que lo acompañó en la travesía con los migrantes les cobró a estos 5000 dólares y luego escapó sin darle su comisión y, lo más grave, sin pagarle a su jefe.

La noche del 30 de junio de 2007, un mes antes de debutar en profesional, fue detenido por dos oficiales, uno de ellos su antiguo patrón, acusado de violación equiparada. Acababa de cumplir 18 años y un año con su novia de 16.

"En 'la pinta' (cárcel) yo seguí entrenando. Corría todos los días en la explanada y por las tardes entrenaba con un exboxeador que también estaba preso. En lo único que pensaba era en convertirme en un gran boxeador, ese ha sido mi sueño desde que llegué a Tijuana. Allá en Veracruz me hablaban de que aquí entrenaban los mejores boxeadores de México y por eso le dije a mi mamá que quería quedarme aquí, por eso no me he ido a Estados Unidos a pesar de que he tenido muchas oportunidades", dice.

Es difícil predecir si Avendaño será un púgil memorable. Su récord dice poco o nada: un empate y un triunfo. Sin embargo, lo que más inquieta es su ambiente. Asegura que ya no es guía —coyote de migrantes—, pero aún su grupo de amigos está conformado por vendedores de droga, fabricantes de metanfetaminas y traficantes de inmigrantes.

"Yo ya estoy limpio, no me gustan las drogas ni me dedico a nada ilegal. He visto cómo muchos amigos han muerto por pasarse (sobredosis). Yo no soy así. Sólo quiero ser como Julio César Chávez", agrega titubeante Avendaño.

En Tijuana el sueño de ser boxeador profesional, hacer una carrera y llegar a disputar un campeonato del mundo no se advierte imposible. Los *amateurs* lo saben y cada torneo de **"Guantes de Oro"** los acerca al anhelo.

BOX PROXIMAMENTE AUDITORIO DE TIJUANA BOX

PROMOCIONES 2M EN CO-PROMOCION CON HUIZAR Y HUIZAR

— PRESENTAN —

CARNAVAL DE CAMPEONES

PESO SEMI-COMPLETO — 12 ROUNDS

Maceton CABRERA VS **Marcos GERALDO**
CAMPEON — RETADOR

PESO COMPLETO — 12 ROUNDS

Fernando MONTES VS **King Kong DIAZ**
CAMPEON — RETADOR

PESO GALLO — 12 ROUNDS

Daniel ZARAGOZA
CAMPEON
VS
Chuyin LOPEZ
RETADOR

PESO WELTER — 12 ROUNDS

FELIPE VACA
CAMPEON
VS
Chino BERMUDEZ
RETADOR

ADEMAS PRESENTACION DEL EX-OLIMPICO DE BAJA, CAL. GILBERTO ROMAN

NOTA: Las Empresas 2 M y Huizar y Huizar
Unifican esfuerzos con el fin de presentar a la aficion de Baja California el mejor Box de Mexico en el CARNAVAL DE CAMPEONES el mes de Noviembre de 1982.

CORTESIA: ALUMINIO STANDARD, MUEBLERIA MAYEN, HUIZAR CURIO

El promotor de box **Guillermo Mayén** es, junto a Ignacio Huízar, creador de una época dorada del boxeo tijuanense que tuvo su gran auge en los años ochenta y noventa. Ambos lanzaron al estrellato a grandes boxeadores y colocaron a Tijuana como la capital del boxeo latinoamericano.

★ ★ ★

ENTRE PROSTITUTAS Y TRAVESTIDOS QUE NO SE CANSAN DE AMAR, HOTELES DE PASO, HUMO DE TAQUERÍAS, LUCES DE NEÓN DE BARES Y CABARETS QUE ABREN LAS 24 HORAS, PICADEROS DE HEROÍNA, COYOTES PROMETIENDO A MIGRANTES EL VIAJE DE LA ILUSIÓN Y HOMBRES QUE SUEÑAN EN EL PARAÍSO PERDIDO, EN LA CALLE PRIMERA DE LA ZONA NORTE DE TIJUANA —EL ÁREA DE TOLERANCIA DE LA CIUDAD A POCOS METROS DEL CERCO METÁLICO QUE TAPA EL PRIMER MUNDO— ESTÁ LA MUEBLERÍA MAYÉN, LA SEGUNDA MÁS ANTIGUA DE LA CIUDAD. Su propietario, Guillermo Mayén, un abogado de 55 años que parece un dandi por su fino trato y su bigote perfectamente recortado, ha construido en una de las recámaras de su negocio un museo fotográfico privado dedicado a la historia de la ciudad. Sobre las paredes cuelgan imágenes sepias del primer hipódromo de Tijuana de los años veinte, el frontón Jai Alai, el antiguo casino Agua Caliente, construido por el capo Al Capone, marinos estadounidenses durante una juerga en la avenida Revolución, estrellas del cine norteamericano: Ava Gardner sonriendo y Marilyn Monroe en aquella famosa pose de *La comezón del séptimo año* (1955). En la sinfonola, a un costado de una televisión de bulbos, se escucha *Sombras* en LP. La voz de Javier Solís se introduce con el raspar de la aguja: *"Quisiera abrir lentamente mis venas, / mi sangre toda verterla a tus pies, / para poderte demostrar / que más no puedo amar / y entonces morir después. […]"*, es una canción de cuna para muchos hijos de padres bohemios.

> **"MI PADRE Y MI TÍO FUERON BOXEADORES, ASÍ QUE DESDE PEQUEÑO CONOCÍ LOS SINSABORES DE LOS PÚGILES EN LOS VESTIDORES." GUILLERMO MAYÉN**

Mayén apunta con su dedo hacia la foto de un grupo de niños, se acerca y señala a uno en particular que no rebasa los cinco años de edad, trae unos guantes de box. Es él con su pandilla de amigos y primos en el mismo lugar que hoy está plagado de bares y prostíbulos.

"Mi padre y mi tío fueron boxeadores, así que desde pequeño conocí los sinsabores de los púgiles en los vestidores", dice al tiempo que se sienta en un sofá.

Pasó la mayoría de los fines de semana de su adolescencia y juventud viajando al Auditorio Olímpico de Los Ángeles, California, donde el griego George Parnassus hacía funciones de boxeo principalmente sostenidas con peleadores latinoamericanos.

Parnassus fue el primero en promover en Estados Unidos a los boxeadores mexicanos de pesos medianos y chicos en un tiempo que los pesos pesados dominaban la escena boxística mundial.

Así convirtió en estrellas internacionales a Raúl "el Ratón" Macías, José Becerra, Rubén "el Púas" Olivares, Chucho Castillo, José Ángel "Mantequilla" Nápoles y Chucho Pimentel, entre otros.

En 1975 el visionario promotor griego murió de un ataque al corazón. Paradójicamente, en ese año la Comisión de Boxeo de la Ciudad de México planteaba una serie de cambios burocráticos que originó la debacle de la capital del país como la principal plaza de box.

Entre otros cambios polémicos, la Comisión propuso que los clasificados mundiales no estuvieran en las listas nacionales, ocasionando que los campeonatos de México se devaluaran.

Los boxeadores comenzaron a buscar un cinturón universal peleando en plazas de provincia sin necesidad de hacer escala en el Distrito Federal. A principios de los ochenta, la Empresa Mexicana de Box, la única en la capital que presentaba dos funciones semanales, comenzó a tener números rojos.

La ciudad de México dejó de ser el centro del boxeo y cedió su lugar a Tijuana, donde un grupo de empresarios cada semana celebraban funciones originando paralelamente las primeras figuras no formadas en la capital.

Las vidas personales de Mayén y la de su contemporáneo Ignacio Huízar, hijo de uno de los primeros promotores de boxeo de la región, que fuera representante en México de Parnassus, están muy ligadas al boxeo; pero el motor que los animó a convertirse en promotores y pilares de una edad de oro del pugilismo tijuanense surgió cuando presenciaron lo que el empresario griego estaba haciendo en Los Ángeles con peleadores mexicanos.

Sabían que ellos podían pagar los mejores salarios en México y que la plaza podía servir a cualquier púgil latinoamericano como preámbulo para pelear en Los Ángeles, Las Vegas o Nueva York.

Mayén trajo de Guadalajara, Jalisco, a Felipe Vaca, un excampeón nacional de peso *welter* que había pasado cuatro años en prisión. Mudó a toda su familia para la frontera, le dio una mensualidad, apartamento y automóvil a cambio de que se pusiera en forma para pelear. En poco tiempo, con una mercadotecnia no muy común en la época, Vaca era una estrella regional.

En el verano de 1982 lo presentaron en el Auditorio Municipal ante Celso Olivas, a quien noqueó en seis *rounds*. A partir de entonces, Mayén comenzó a presentar al menos una función al mes con peleadores de todo el país hasta la primera mitad de los noventa.

Un año antes del debut de Mayén, Ignacio Huízar había realizado su primera función en la Arena Tijuana 72 llevando en la pelea estelar a Felipe Urquiza contra un Celso Limón que cayó en el séptimo episodio. Huízar tomó esa arena como su principal plaza y presentó casi por una década una función cada semana.

Esta exposición constante de boxeadores, además de la que hacían esporádicamente los promotores Ángel Gutiérrez, un excampeón de Norteamérica de *kick boxing*, y Esteban Virgen, quien

> **PASÓ LA MAYORÍA DE LOS FINES DE SEMANA DE SU ADOLESCENCIA Y JUVENTUD VIAJANDO AL AUDITORIO OLÍMPICO DE LOS ÁNGELES, CALIFORNIA, DONDE EL GRIEGO GEORGE PARNASSUS HACÍA FUNCIONES DE BOXEO PRINCIPALMENTE SOSTENIDAS CON PELEADORES LATINOAMERICANOS.**

Rodolfo Martínez conectó su derecha en forma de gancho a **Alejandro Mayorga** (izquierda), la noche del 28 de agosto de 1984 en el Auditorio Municipal de Tijuana lleno. Martínez ganaría el combate por puntos.

En la década de los ochenta, los promotores Ignacio Huízar, quien hacía funciones en la antigua **Arena Tijuana 72,** y Guillermo Mayén, en el Auditorio Municipal de Tijuana, celebraban funciones todos los viernes y lunes, respectivamente, con grandes entradas de aficionados. En la foto, dos púgiles no identificados en un intercambio de golpes. Si no salían lastimados, podían contender contra otros rivales la siguiente semana. La ciudad entonces estaba a pasos de convertirse en la capital del boxeo latinoamericano.

> **CORRÍA LA DÉCADA DE LOS OCHENTA Y EL LABORATORIO APENAS EMPEZABA.**

apoderaba a Julio César Chávez, atrajo a gente del boxeo de todo el país y de Estados Unidos.

Muchos púgiles y entrenadores cambiaron sus residencias a Tijuana porque, si no salían lastimados, al menos cada mes podían pelear. Corría la década de los ochenta y el laboratorio apenas empezaba.

Los promotores comenzaron a fijar su mirada en nuevos talentos: podían hacerles una carrera en Tijuana y luego llevarlos a Las Vegas, Atlantic City, Los Ángeles o Nueva York, donde se disputaban principalmente los campeonatos del mundo con sueldos estratosféricos. Si conseguían un título universal el peleador podía cobrar entre 50 000 y un millón de dólares cada vez que contendiera, de los cuales al menos el 30% eran para ellos.

Huízar apostó primero por Raúl "el Jíbaro" Pérez, el peso gallo de mayor estatura de la historia; Juan José "Dinamita" Estrada, el precursor del estilo agresivo —técnica que Marco Antonio Barrera llevó a alturas insospechadas—; Manuel "Mantecas" Medina y Jorge "Maromero" Páez, un excirquero que bailaba *break dance* antes de cada pelea. Mayén, por su parte, apoyó principalmente a Luis Ramón "Yori Boy" Campas, un descendiente de indígenas yaquis de Sonora.

Con el tiempo todos fueron campeones del mundo. La fórmula parecía perfecta: una serie de funciones en Tijuana hasta que el peleador tuviera un récord y fuera púgil de diez *rounds*, luego una campaña de peleas en Estados Unidos y después la oportunidad grande. Pero el boxeo es como la suerte de un torero.

Cuando Huízar intentó repetir la historia con una nueva generación que despuntó en 2000, fracasó. Perdió sumas considerables en las funciones que celebraba, principalmente en el frontón Jai Alai, por el poco público que asistía decepcionado de que las estrellas locales no tuvieran rivales que les exigieran o no fueran tan buenos como sus predecesores.

Curiosamente, en la segunda mitad de los noventa tuvo mejor suerte, copiando ese modelo, Fernando Beltrán, un joven empresario tijuanense fanático del boxeo. Comenzó a hacer funciones cobijado por un virtuoso boxeador de la frontera que apoderaba: Érik "el Terrible" Morales.

"El Terrible" había peleado 15 veces en Tijuana antes de probar suerte en Las Vegas, Nevada. A los 21 años ya era campeón de peso supergallo del Consejo Mundial de Boxeo (CMB) tras haber derrotado al legendario Daniel Zaragoza. Llegó incluso a ser el peleador más importante de Top Rank, la empresa internacional de boxeo del exsenador estadounidense Bob Arum en 2000 luego que Óscar de la Hoya se separara de la promotora.

A la par que subía la fama y el salario de Morales, sobre todo después de su trilogía épica contra el capitalino Marco Antonio Barrera donde recaudó sueldos superiores a los tres millones de dólares, Fernando Beltrán era contactado por Bob Arum como enlace para otros peleadores mexicanos.

Beltrán comenzó a fungir como promotor no solo de púgiles establecidos en Tijuana, también de otro grupo radicado en la ciudad de México, Sonora, Sinaloa y Yucatán. Ahora dirige su empresa Zanfer, asociada con Top Rank, y realiza al menos 20 funciones anuales en todo el país apoyadas, desde el año pasado, por TV Azteca. Tras el retiro de Morales, sus estrellas más fulgurantes son los dos hijos mayores de Julio César Chávez.

Guillermo Mayén se pone de pie para suspender los boleros rancheros de Javier Solís, que han servido como *soundtrack* de este fragmento histórico. Como epílogo me pide que vea un cajón donde tiene cientos de fotografías de boxeadores. "Míralas, ahí están todos los que alguna vez pelearon aquí". Revisé solo algunas y me vino a la mente el personaje rulfiano Juan Preciado,

> **SABÍAN QUE LA PLAZA PODÍA SERVIR A CUALQUIER PÚGIL LATINOAMERICANO COMO PREÁMBULO PARA PELEAR EN LOS ÁNGELES, LAS VEGAS O NUEVA YORK.**

Una pose de **Juan José "Dinamita" Estrada,** el primer campeón mundial nativo de Tijuana, previo a un combate en la ciudad en el invierno de 1985.

El campeón de peso ligero del CMB, **Antonio "Tony" DeMarco,** en el club **Crea** durante un entrenamiento cotidiano en la primavera de 2012.

aquel que solo al final de su vida, solitario y en medio de la plaza donde su madre solía pasear los domingos, descubrió que todos en el pueblo estaban muertos.

* * *

LA LUZ DEL SOL DE LAS CUATRO DE LA TARDE SE CUELA POR LOS VENTANALES DEL LADO MÁS PEQUEÑO DE ESTE TRIÁNGULO POLIFORME. Un grupo de fantasmas negros tiran golpes a los costales como carniceros frente a su res sin piel.

La sombra más alta se separa y camina hacia mí, se distinguen sus guantes amarillos. Miro su rostro y surge un recuerdo pictórico: su cara amoratada con un gesto que pretendía ser una sonrisa la noche del 7 de septiembre de 2007, cuando venció al estadounidense Nick *"Hands of Gold"* Casal. Hasta ahora su pelea más difícil.

Se llama Antonio "Tony" DeMarco, es un espigado boxeador de 1.76 metros y larguísimos brazos, una enorme ventaja para este deporte, donde se busca golpear sin ser alcanzado. Su figura estrecha y su peso de apenas 62 kilos le dan un aire de desamparo. Tiene semblante melancólico y párpados que todo el tiempo están a la mitad de sus ojos, como persianas que cubren a medias las ventanas.

Nació en Los Mochis, Sinaloa, hace 22 años, pero desde los 13 su padre lo mandó a la ciudad de México para que ingresara a un equipo de la tercera división filial del Cruz Azul.

Un año después, y luego de aprobar tres pruebas del equipo azulgrana para subir al equipo de segunda, abandonó el futbol y viajó solo a Tijuana.

"Me habían dicho que aquí podían enseñarme a boxear y por eso me vine. Yo no conocía la ciudad", dice.

DeMarco jamás había entrenado boxeo. De esta profesión únicamente sabía de memoria dos historias familiares: su abuelo materno, Everardo Armenta, fue el primer campeón nacional de Los Mochis y su tío, también de nombre Everardo Armenta, fue campeón nacional de peso medio y perdió la pelea por el campeonato mundial semicompleto en Alemania contra Dariusz Michalczewski en 1995.

Un conocido lo llevó al gimnasio Crea y lo presentó a don Rómulo y a sus hijos Rómulo y Roberto Quirarte, quienes le enseñaron desde caminar en un *ring* hasta tirar golpes y mover la cintura.

En el verano de 2004 debutó en el boxeo de paga con una expectativa de gran prospecto. El vaticinio se confirmó cuando su estilo atrajo la atención del promotor estadounidense Gary Shaw, dueño de la empresa Productions, LLC y quien fuera co-productor de combates de Mike Tyson y Félix "Tito" Trinidad.

Shaw le hizo un contrato en 2007 por tres años, donde le prometió al menos cuatro contiendas anuales en Estados Unidos y llevarlo a disputar un campeonato mundial. Si lo consigue, el contrato pudiera alargarse cuatro años más.

"Este muchacho tiene cualidades ilimitadas y si sigue como ahora, trabajando con mucha disciplina, firmeza y mucha humildad, seguro podrá llegar al nivel de Marco Antonio Barrera o Érik 'el Terrible' Morales", me dice Rómulo Quirarte.

Al principio los padres de Antonio "Tony" DeMarco intentaron persuadirlo para que regresara a la ciudad de México o a Sinaloa, pero cedieron ante la firmeza del hijo que quería ser boxeador a toda costa, sin importarle dormir en el suelo o sillones de casas de amigos que le daban posada.

"Una vez regresé a Los Mochis porque extrañaba mucho a mi familia, pero apenas estuve allá ya me quería regresar a Tijuana. Fue como ya no tener ninguna duda de que a esto me quería dedicar", agrega DeMarco.

* * *

CUANDO LOS BOXEADORES SE HALLAN SOMETIDOS A UN INTENSO ENTRENAMIENTO, VIVEN EN UNAS DIMENSIONES DE ABURRIMIENTO QUE OTRAS PERSONAS APENAS SI ALCANZAN A IMAGINAR. El abu-

> **UN AÑO DESPUÉS, Y LUEGO DE APROBAR TRES PRUEBAS DEL EQUIPO AZULGRANA PARA SUBIR AL EQUIPO DE SEGUNDA, ABANDONÓ EL FUTBOL Y VIAJÓ SOLO A TIJUANA.**

rrimiento les provoca impaciencia con la propia vida y violento deseo de mejorarla. El aburrimiento crea aversión hacia la posibilidad de perder.

Norman Mailer dijo: "el preso y el púgil tienen que ceder una parte de lo que en ellos es mejor (dado que resultan tan poco adaptados a la cárcel —o al entrenamiento— como un animal salvaje al parque zoológico). Más tarde o más temprano, el boxeador se da cuenta de que algo de su psique está pagando demasiado caro el entrenamiento. El aburrimiento no solo le embota la personalidad, sino que le asesina el alma".

No es de extrañar, por lo tanto, que cualquier boxeador se pase la mitad de su carrera rebelándose contra el entrenamiento. Pero es justamente cuando se contienen que se reconoce si un púgil puede llegar a ser un gran campeón.

Así fue con Manuel "Mantecas" Medina, el único boxeador en el mundo que ha ganado cinco campeonatos mundiales en la división pluma pese a tener casi todo en contra: públicos, manejadores, una pegada débil, problemas familiares, rostro sensible a las cortadas, poca corpulencia, en fin. Sin embargo, es dueño de una disciplina férrea y una constancia capaz de repetir técnicas una y otra vez hasta que se vuelven una extensión natural de su ánimo.

Medina ha pasado 23 de sus 37 años en el boxeo. Debutó en Tijuana siendo casi un niño porque le dijeron que así podía sacar adelante a su familia, en un tiempo donde se le llamaba campeón a aquel que le pegaba a todos.

Una tarde de julio lo encuentro entrenando en el club Crea para su pelea 84. Me dice que será contra Malcolm Klassen, el 29 de agosto, en Johannesburgo, Sudáfrica. Su figura, como un elefante daliniano, se confunde con la de otros púgiles jóvenes, muchos de los cuales aún no habían nacido cuando él ya era profesional.

"La clave para aguantar tanto en el boxeo ha sido trabajar y mucha disciplina. He conocido a lo largo de mi carrera a muchachos que tenían un gran talento, mejores que yo, pero lo que los venció fue la indisciplina. No tuvieron el rigor para prepararse y se perdieron", me dice con voz pastosa.

Para muchos Medina es ejemplo de tenacidad en el boxeo, pero también de explotación. Aun

> "MÁS TARDE O MÁS TEMPRANO, EL BOXEADOR SE DA CUENTA DE QUE ALGO DE SU PSIQUE ESTÁ PAGANDO DEMASIADO CARO EL ENTRENAMIENTO. EL ABURRIMIENTO NO SOLO LE EMBOTA LA PERSONALIDAD, SINO QUE LE ASESINA EL ALMA." NORMAN MAILER

cuando ganó cinco títulos mundiales y peleó en diez países, vive modestamente y trabaja como administrador de una unidad deportiva gracias al triple excampeón mundial Érik Morales, quien luego de su retiro aceptó ser el director del Instituto Municipal del Deporte de Tijuana.

Por dos décadas el "Mantecas" tuvo un contrato muy parecido a un esclavismo deportivo con Ignacio Huízar, quien llegó a representar simultáneamente, siendo campeones mundiales simultáneamente, a Raúl "el Jíbaro" Pérez, Jorge "Maromero" Páez y Juan José "Dinamita" Estrada. Los cuatro acusaron luego al empresario de diversos fraudes.

El "Mantecas" explica alzando la voz, como si quisiera que los muchachos que están entrenando también lo escucharan, que en dos ocasiones descubrió en flagrancia a su promotor haciendo tratos para que él perdiera, pues de sus derrotas podía sacar más dinero.

El 27 de abril de 2002 Medina expuso su cinturón pluma de la Federación Internacional de Boxeo (FIB) ante Jhonny Tapia en el Madison Square Garden de Nueva York. Ahí en el vestidor, asegura, Huízar acordó con el promotor de su rival no buscar una revancha directa tras perder el título a cambio de una comisión para que se diera el combate de Marco Antonio Barrera contra Tapia, valuado en tres millones de dólares, y no contra él, que costaría un millón de dólares.

El mismo caso, agregó, fue cuando enfrentó directamente al escocés Paul Ingle, el 29 de noviembre de 2003, en el Reino Unido, apenas cuatro meses después de que el mexicano lo había despojado del título pluma de la Organización Mundial de Boxeo (OMB). Medina dijo que vio cómo Huízar recibió una bolsa con dinero del apoderado de Ingle por haber

Manuel "Mantecas" Medina, cinco veces campeón del mundo en la división pluma, en una clásica pose de boxeador.

De izquierda a derecha: **Víctor Burgos, Manuel "Mantecas" Medina, Gaspar "el Indio" Ortega, Benjamín Rendón, Antonio Margarito** y **Alejandro García**.

Víctor "el Acorazado" Burgos ante **Alejandro Padilla,** el 22 de julio de 2000 en un combate celebrado en Tijuana.

convencido a su peleador de darle la revancha directa y traerlo a la casa del retador.

Cuando se le pregunta a Manuel "Mantecas" Medina por qué seguía con su promotor a pesar de conocer esas turbias negociaciones. Calla unos segundos y luego agrega, "yo creo que por gratitud, porque con él hice toda mi carrera, pero se aprovechó de mí".

Al respecto, Ignacio Huízar asegura que él nunca trató de negociar contratos con terceros que perjudicaran a Medina.

"Es muy típico de los boxeadores acusar a sus promotores cuando pierden, pero tienen mala memoria. Yo jamás exploté a un boxeador, menos al 'Mantecas'", dice.

Según Huízar, Manuel Medina fue un boxeador que nunca le interesó a la gente ni mucho menos a las televisoras, incluso ni cuando fue campeón del mundo. Por eso tuvo que negociar siempre sus peleas fuera del país y nunca sus contratos fueron por salarios millonarios.

"Perdió siempre en las peleas decisivas. Nunca fue constante", señala. Aunque ya no proyecta su imagen al lado de Don King o Bob Arum, archirrivales desde que se disputaban la promoción de los combates de Muhammad Alí, Huízar sigue siendo promotor de boxeo. Está en Gómez Palacios, Durango, en el equipo del excampeón supermosca de la OMB y del CMB, Cristian Mijares, uno de sus últimos ases. Viste ahora, cuando sobrepasa los 60 años, con pantalones de mezclilla gastados y camisas viejas holgadas que recuerdan el cuerpo que alguna vez tuvo durante su bonanza. Varias veces ha abierto su empresa de boxeo en Tijuana, apoyado por sus contactos en Las Vegas, pero sus pretensiones le han dejado cuantiosas pérdidas.

* * *

LOS PERIODISTAS DEPORTIVOS DE LA CIUDAD DE MÉXICO APODARON A ROBERTO SANDOVAL "EL CIENTÍFICO" POR SU CAPACIDAD ANALÍTICA DE ENTENDER LAS CUALIDADES Y DEFECTOS DE LOS BOXEADORES. Aunque más que un hombre de laboratorio parece un mariscal de campo de futbol americano retirado a sus 44 años.

Sandoval es un caso singular en la historia del boxeo: cinco veces fue reconocido por la Comisión

> EL MEXICANO LLEGÓ A SU ESQUINA Y CUANDO SANDOVAL LE PREGUNTÓ CÓMO ESTABA, VÍCTOR CAYÓ A LA LONA COMO UN ANCIANO MAYORDOMO QUE ACABARA DE ESCUCHAR UNA TRÁGICA NOTICIA.

de Box como el mejor entrenador; logró que Alejandro García, un púgil que odiaba pelear, fuera dos veces campeón mundial *welter*, y que Víctor Burgos, a quien muchos consideraban un peleador mediocre y acabado, fuera reconocido por más de un año el mejor púgil del mundo en las 112 libras. Además, formó un séquito de peleadores profesionales en su propio gimnasio a los que llevó a alturas insospechadas; firmó contratos exclusivos con Don King, el mítico magnate del boxeo famoso por sus cabellos canos erizos, y formó a Pavel Miranda, otro de los actuales grandes prospectos de Tijuana.

Pero un día abandonó el boxeo.

Acomodados en unas sillas de falsa piel rosa y metal, conversamos durante una mañana soleada de julio en un restaurante naturista de la zona Río de Tijuana.

Hace tiempo que quería retirarse del boxeo, me dice Sandoval. Por curiosidad y necesidad interior comenzó hace trece años a asistir a una escuela espiritual, donde le enseñaron a creer en el espíritu de las personas y su reencarnación. A medida que avanzaba su conocimiento de esa fe entraba en un conflicto personal por la violencia del boxeo.

Sin embargo, el suceso que motivó su abandono definitivo del pugilismo fue el resultado de la pelea de Víctor Burgos contra el armenio Vic Darchinyan, la noche de 3 de marzo de 2007 en el Home Depot Center de Carson, California, donde juega el Galaxy de un devaluado David Beckham.

El réferi detuvo la pelea en el duodécimo episodio cuando Burgos ya no respondía a las ráfagas de Darchinyan. El mexicano llegó a su esquina y cuando Sandoval le preguntó cómo estaba, Víctor cayó a la lona como un anciano mayordomo que acabara de escuchar una trágica noticia.

Fue trasladado a la sala de terapia intensiva del Hospital Harbor UCLA en Torrance, California,

Víctor Burgos recibe castigo del armenio **Vic Darchinyan** en la que fue la última pelea del mexicano. El combate se celebró el 3 de marzo de 2007 en Los Ángeles, California, y se disputaban el campeonato de peso mosca de la FIB. Darchinyan ganó en el duodécimo *round* luego de que pararan el combate; Burgos pocos segundos después, se conmocionaría.

donde fue sometido a una cirugía para remover un coágulo de sangre en su cerebro ocasionado por los golpes recibidos en el combate. Durante la madrugada le fue inducido un coma. Estuvo así 28 días hasta que despertó. Fue dado de alta pesando solo 36 kilos, con daños físicos y cerebrales.

Sandoval explica que el costo de hospitalización fue de 475 000 dólares, de los cuales la aseguradora de la promotora Don King Promotions y el coproductor cubrieron 400 000 dólares. El resto de la factura médica la tuvo que pagar él y la familia de Burgos. Además de las terapias de rehabilitación a las que cada semana asiste.

"En el boxeo hay muchos carniceros a quienes no les importa que sus peleadores se conmocionen. A mí un *manager* me dijo después que no debía tomarme tan a pecho lo que pasó, que eran gajes del oficio. Pero yo no puedo ser así", me dice.

Le pregunto si está decepcionado de este deporte y si todavía considera, como alguna vez me dijo, que el boxeo es un boleto de lotería para los cientos de jóvenes que entrenan en los gimnasios de box de Tijuana.

"No estoy desilusionado. Pienso que esto que pasó con Burgos le pudo haber sucedido a cualquiera; sabemos que los boxeadores están expuestos a eso".

"Yo aún creo que el boxeo puede significar un premio para los peleadores de aquí, pero para ganarlo necesitan dejar a sus amigos de parranda, tener mucha disciplina y obediencia". Y agrega, "creo que con las nuevas generaciones se podrá trabajar mejor porque tienen estudios, están más preparados. Eso se lo debemos a Óscar de la Hoya, que limpió la imagen del boxeador en Estados Unidos. Muchos lo han copiado".

> "EN EL BOXEO HAY MUCHOS CARNICEROS A QUIENES NO LES IMPORTA QUE SUS PELEADORES SE CONMOCIONEN."
> ROBERTO SANDOVAL

Manuel "Mantecas" Medina enfrenta a **Juan Ruiz,** el 28 de abril de 2003 en Tijuana. Medina terminó con el triunfo en el quinto *round*.

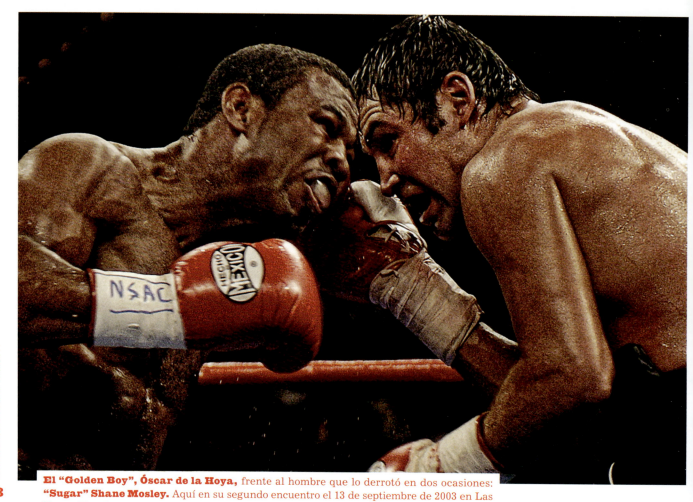

El "Golden Boy", Óscar de la Hoya, frente al hombre que lo derrotó en dos ocasiones: **"Sugar" Shane Mosley.** Aquí en su segundo encuentro el 13 de septiembre de 2003 en Las Vegas, Nevada, cuando disputaban los campeonatos de peso *superwelter* del CMB y de la AMB.

★ ★ ★

CUANDO TRABAJÉ PARA UN PERIÓDICO DE TIJUANA CUBRÍ COMO ENVIADO ESPECIAL SEIS PELEAS DE ÓSCAR DE LA HOYA EN ESTADOS UNIDOS. Pero recuerdo sobre todo la contienda donde sufrió su segunda derrota. Fue el 17 de junio de 2000 contra *"Sugar"* Shane Mosley en el Staples Center de Los Ángeles, la casa de los Lakers.

Al borde del retiro Mike Tyson y Julio César Chávez, Óscar de la Hoya era la estrella mundial del boxeo, la única figura comparable a un astro del básquetbol o el futbol como Michael Jordan o Ronaldo.

Esa noche, entre los 20 000 fanáticos, estaban en las primeras filas estrellas del cine como Jack Nicholson, Dustin Hoffman, Salma Hayek y Edward Norton, además del más grande de todos los tiempos, Muhammad Alí, acompañado de su hija Laila.

Pese al escenario hollywoodense, el "Golden Boy" no brilló, no pudo contener los rápidos puños del último *"Sugar"* del boxeo y perdió por decisión dividida.

Más tarde, durante la conferencia de prensa, Óscar reconoció su derrota como un caballero y luego, sorpresivamente, anunció el término de su relación laboral, luego de ocho años, con Bob Arum, alegando que era ilegal el tipo de contratos por más de cuatro años que tenían la mayoría de los peleadores y que no se atrevían a decirlo por temor a que fueran vetados.

Además denunció, frente a los representantes del CMB, los altos porcentajes que los boxeadores tenían que cederle de sus sueldos a los organismos de boxeo solo por pertenecer a ellos.

Los periodistas estaban perplejos. Era el primer caso de un peleador en el mundo que abiertamente se defendía de contratos esclavistas y comisiones ventajosas de organismos en la noche que había sido derrotado.

Fue un antes y un después en el boxeo. De la Hoya, un hijo de migrantes mexicanos que se establecieron en Los Ángeles, California, anunció luego la creación de su propia empresa de box y se autopromovió en combates contra Bernard Hopkins, Shane

Omar Chávez, hijo del legendario **Julio César Chávez,** visiblemente cansado, recibe en su esquina un consejo de **Rómulo Quirarte.**

Mosley y Floyd Mayweather, Jr., que le dejaron ganancias superiores a los 80 millones de dólares.

A partir de entonces otras estrellas del pugilismo crearon sus propias empresas de box y empezaron a pelear contra rivales importantes sin estar de por medio un título mundial o un organismo boxístico de renombre. Top Rank y Don King Promotions ya no controlan el boxeo internacional desde entonces.

Julio César Chávez pudo hacer lo mismo en alguna etapa de su carrera, pero no tuvo el genio ni las ganas.

> ERA EL PRIMER CASO DE UN PELEADOR EN EL MUNDO QUE ABIERTAMENTE SE DEFENDÍA DE CONTRATOS ESCLAVISTAS Y COMISIONES VENTAJOSAS DE ORGANISMOS EN LA NOCHE QUE HABÍA SIDO DERROTADO.

A finales de julio lo encuentro en el club Crea junto a su hijo Omar, también boxeador profesional. El gimnasio está semivacío, don Rómulo sacó ese día a casi todos los boxeadores a propósito para que corrieran y el lugar se ventilara un poco. Y además para que dejaran de hostigar al ídolo.

Chávez tiene un semblante serio, adusto. Está enojado con sus hijos y con todos. El pasado 21 de junio Omar Chávez, de 18 años, se presentó a una pelea en el Auditorio de Tijuana con solo tres días de preparación y el rival lo hizo ver como el niño protegido. El público lo abucheó y lo bañó de cerveza. Veinte días después, su hijo mayor Julio César, de 22 años, recibió en el Palenque de Hermosillo, Sonora, la misma ofensa al finalizar su combate que se alargó diez *rounds*.

Julio César no parece decir cada día como Dalí: "Cada mañana, cuando despierto, siento una enorme dicha: la dicha de ser Salvador Dalí". Es un ser atormentado por sus propios demonios, pese a alcanzar uno de los lugares más altos en la

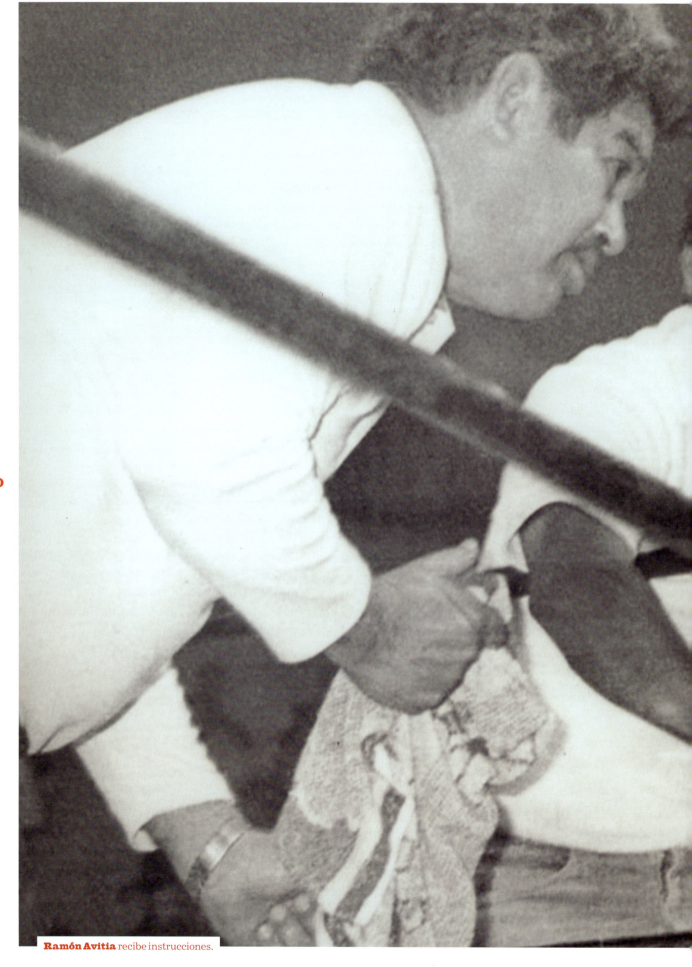

Ramón Avitia recibe instrucciones.

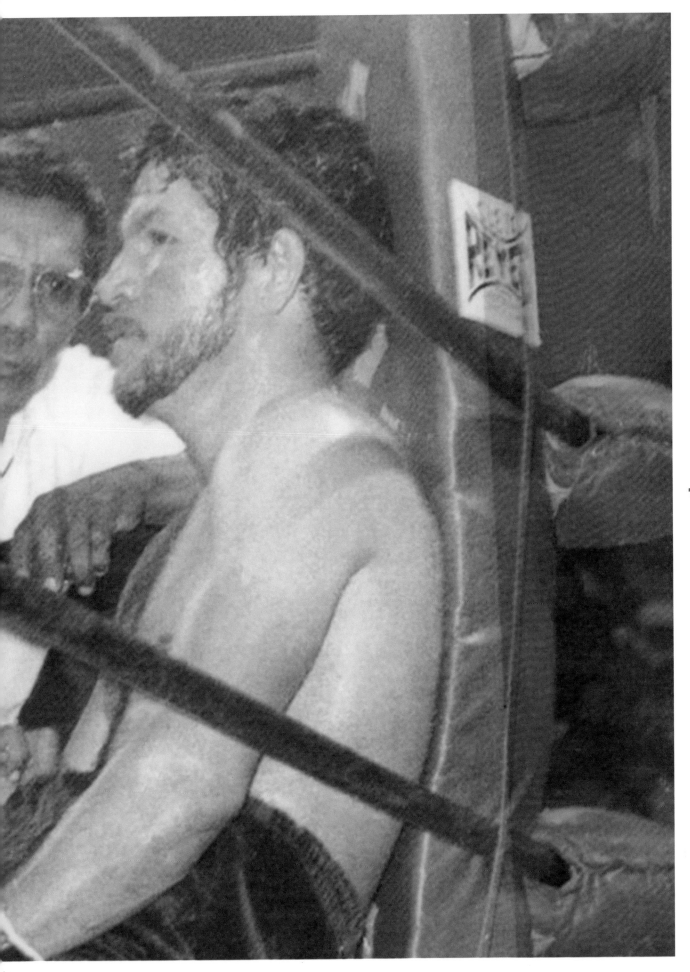

jerarquía de un ídolo mexicano. Ningún boxeador en México, antes y ahora, ha sido tan celebrado como Chávez.

Sin embargo, él no parece estar a gusto en su piel. Me cuenta que su molestia es porque sus hijos no están tomando con la seriedad adecuada el boxeo y también por la gente que ha insultado a sus hijos en sus últimas peleas. Pero en su rostro hace tiempo que se ve la angustia contenida.

El legendario boxeador ha pretendido cobijar a sus hijos con su propia leyenda y le ha alcanzado para presentarlos en las mejores plazas del boxeo mundial, mas la tela parece haberse estirado demasiado y cada vez más se descubren las incertidumbres de dos jóvenes asustados por su nueva labor.

"Yo sinceramente estoy consciente de que mis hijos algún día van a perder una pelea. Si lo hacen que pierdan bien. Para mí, aun cuando no se han visto como yo quería, en esas peleas no han perdido. Lo único que me ha disgustado es que un sector del público se ha metido con mis hijos", me dice.

En 24 años y 115 combates profesionales, Julio César Chávez pareciera haber visto todo en el boxeo, sin embargo, me asegura que cuando sus hijos están arriba del *ring* peleando, se siente desarmado.

"Para mí es muy difícil ver pelear a mis hijos, no me acostumbro a ese ambiente; más cuando la gente comienza a meterse con ellos de una manera muy grosera", me comenta.

Ese día encarga la preparación de la próxima pelea de su hijo Omar a don Rómulo, quien alza los hombros resignado como el personaje de Úrsula en *Cien años de soledad* cuando descubrió que el mundo solo daba vuelta para repetir siempre lo mismo.

> **EN 24 AÑOS Y 115 COMBATES PROFESIONALES, JULIO CÉSAR CHÁVEZ PARECIERA HABER VISTO TODO EN EL BOXEO, SIN EMBARGO, ME ASEGURA QUE CUANDO SUS HIJOS ESTÁN ARRIBA DEL RING PELEANDO, SE SIENTE DESARMADO.**

> **"TODAS LAS GENERACIONES DE PELEADORES CORREN EL RIESGO DE PERDERSE. NOSOTROS LOS ORIENTAMOS, PERO TENEMOS LÍMITES." RÓMULO QUIRARTE**

★ ★ ★

ES CURIOSO, EN 27 AÑOS AL FRENTE DE ESTE GIMNASIO LOS QUIRARTE HAN TENIDO BOXEADORES DE TODO TIPO Y HAN TRABAJADO ESTA NATURALEZA SIN DEFORMARLA, FIELES A LA IDEA DE QUE CADA QUIEN SE DEFIENDE LANZANDO LOS PUÑOS COMO EL ALMA LE DICE; PERO A TODOS SUS PELEADORES SE LES FORMÓ EL MISMO TRATO HUMILDE Y SINCERO QUE TIENE DON RÓMULO, COMO SI EL PATRIARCA LES FILTRARA EL HUMOR A SUS HIJOS ADOPTIVOS.
"Todas las generaciones de peleadores corren el riesgo de perderse. Nosotros los orientamos, pero tenemos límites. Sus familias y amigos al final influyen más. La suerte que tenemos es que esta generación tiene más estudios y está más consciente de lo que les ha sucedido a otros peleadores. Además, es una generación más administrada, se cuidan más. Antes los peleadores tenían que pelear con lo mejor, por eso los que llegaron eran muy buenos", me dice Rómulo Quirarte, hijo, mientras da indicaciones a dos púgiles *amateurs* en el gimnasio.

Su hermano Roberto y él se encargan de dirigir a todos los boxeadores aficionados y a los profesionales más noveles. Rebasan los 30 años pero sus espíritus son mucho más jóvenes. Antes de dedicarse completamente al boxeo tenían una banda de *rock* que se sostenía de tocar *covers* en algunos bares de la ciudad.

★ ★ ★

ABSTRAÍDO DE TODOS, MIENTRAS ENCAJA *JABS* Y *UPPERCUTS* AL POCO AIRE RESPIRABLE, MARVIN QUINTERO ESTÁ EN UNA ESQUINA DEL GIMNASIO A CONTRALUZ. Lo conozco desde que era un *amateur* de 13 o 14 años, pero los recuerdos inmediatos que tengo no son esos sino los de su

> "NO SE SIENTE MIEDO CUANDO UNO TRAE SANGRE POR TODA LA CARA, SÓLO PREOCUPACIÓN PORQUE SE ESTÁN COMETIENDO ERRORES. LOS GOLPES SE SIENTEN PERO NO DUELEN EN EL MOMENTO, ES QUIZÁ LA ADRENALINA" MARVIN QUINTERO

última pelea profesional la medianoche del pasado 20 de mayo en el Auditorio Municipal de Tijuana, un domo que desde hace tres décadas es considerado la catedral del boxeo mexicano.

Aquella pelea había pasado de la rapidez y el impacto a la intimidad de movimientos. Cuando terminó el séptimo episodio el réferi tuvo que separarlos. Marvin regresó a su esquina, llevaba los brazos como dos plomos y tomaba aire desesperadamente. Sus entrenadores le limpiaron el sudor y la sangre de la cara, y pareció recobrar el rostro de un niño luego de haber jugado todo el día en la tierra.

Su rival, Rafael Urías, un serrano de 30 combates de rostro adusto, poco a poco había sido desarmado como un androide genético de *Blade Runner*, al grado de terminar ese episodio hecho un títere aferrado a un hilo. Sin embargo, no podía adivinar que era el fin de la pelea.

Cuando sonó la campana, el réferi Guillermo Ayón (un exboxeador que en cada función recuerda su tarde heroica del 24 de mayo de 1965 cuando derrotó al legendario *"Sugar"* Ray Robinson en el Toreo de Tijuana) comenzó a contar en voz alta y, como si Urías se encontrara detrás de un cristal, le señaló con los dedos en qué número iba hasta que al llegar al diez gritó: "se acabó".

"No se siente miedo cuando uno trae sangre por toda la cara, solo preocupación porque se están cometiendo errores. Los golpes se sienten pero no duelen en el momento, es quizá la adrenalina. Duelen un día después de la pelea", me dice Marvin Quintero.

Es bajito y tiene un corte al estilo Daddy Yankee. Sus ojos grandes y cafés siempre observan con una curiosidad infinita su objetivo, sea este un oponente o un costal o un entrevistador. Está por concluir la carrera de Ingeniería Industrial, una condición que le pusieron sus entrenadores desde que inició en el boxeo de paga.

Sus padres lo bautizaron en su natal Culiacán, Sinaloa, con el nombre de Marvin porque el año que nació (1987) Marvin Hagler se despidió del boxeo tras ser derrotado polémicamente por *"Sugar"* Ray Leonard en Las Vegas, Nevada.

Desde los 12 años se mudó a la casa de un tío exboxeador en Tijuana con la idea de ingresar a un gimnasio de box. A esa edad entró al club Crea y pronto se distinguió. Fue dos veces campeón nacional y medalla de plata en los Juegos Panamericanos de 2004.

Cuando debutó en el boxeo profesional causó expectativa, pero su carrera no ha tenido la continuidad adecuada. En parte por una derrota en su quinta pelea, un pleito laboral con el promotor que llevaba su carrera y, también, por una decepción amorosa, que le dolió más que el nocaut sorpresivo que recibió, y lo alejó del boxeo casi medio año.

Sin embargo, don Rómulo Quirarte me asegura que tiene la promesa de Gary Shaw para firmarle un contrato a Marvin parecido al que hizo con DeMarco.

"Pienso que apenas estoy empezando. Aún no tengo en mi récord rivales de renombre. Mi meta, por ahora, es calarme con peleadores en Estados Unidos, donde están los mejores", me dice Marvin.

★ ★ ★

UNA DE LAS VOCES MÁS CONOCEDORAS DEL BOXEO TIJUANENSE Y SU EVOLUCIÓN ES RAY SOLÍS, UN HOMBRE DE 85 AÑOS, CONSIDERADO POR EL CMB UNO DE LOS TRES MEJORES RÉFERIS Y JUECES DE SU HISTORIA. El laberinto de arrugas de su frente y sus ojos pequeñísimos detrás de las gafas parecen haber analizado todo en la vida, pero principalmente el boxeo, el único tema que le hace sonreír desde la muerte de su esposa.

Solís fue réferi en más de 300 combates, 71 de campeonato mundial, en los cinco continentes. Testificó las hazañas y los adioses de los más grandes boxeadores latinoamericanos del siglo xx. Es,

Marvin Quintero, de 25 años, debutó en el boxeo de paga el 2 de agosto de 2004, luego de haber realizado una sobresaliente carrera *amateur*. Junto a su entrenador **Rómulo Quirarte** se propuso conseguir dos títulos: la carrera de Ingeniería Industrial y convertirse en campeón mundial. Lo primero ya lo logró hace dos años. La segunda aspiración no la , pues el 27 de octubre de 2012 se midió con el tapatío **Miguel Vázquez** por el campeonato ligero de la FIB en Verona, Nueva York, el cual perdió por decisión unánime. Aquí uno de sus días cotidianos en Tijuana.

LA FÁBRICA DE BOXEADORES EN TIJUANA

76

Sabiduría plena. El réferi **Ray Solís,** una de las voces más conocedoras del boxeo tijuanense.

pues, la voz más conocedora del boxeo tijuanense y su evolución.

Sentados en unas sillas de madera rústica en un restaurante de la zona norte de la ciudad, la plática vagabundeó hacia nuestras mutuas preocupaciones para invariablemente terminar en el box.

—Todas las mañanas amanecemos con la noticia de un asesinado más —me dice Solís con su voz que parece haber alcanzado la mayor de todas las ciencias: la de la edad.

—Sí, es terrible —le respondo.

La madrugada de ese lunes, trabajadores de un hospital encontraron en un páramo al este de Tijuana a seis hombres ejecutados. Los primeros reportes de la fiscalía estatal señalaban que las víctimas presentaban indicios de sadismo y, después de matarlas, las habían quemado. El suceso, sin embargo, no había conmocionado a la población. Las autoridades habían reportado desde el inicio del año más de 500 asesinatos, muchas de las víctimas aparecieron decapitadas, mutiladas o fueron colgadas en sitios públicos.

—¿Cómo sientes la ciudad? —me pregunta con la experiencia de haber vivido 60 años en esta frontera tras abandonar su natal La Barca, Jalisco.

—A veces a punto de estallar, como una relación de amor y odio —hubiera querido responderle de otra forma—. Para mí, un extraño nativo de Tijuana hijo de padres nativos también de esta frontera de migrantes, la ciudad desapareció hace tiempo o al menos no es la misma que físicamente viví de niño. La colonia donde crecí, la escuela, los parques, el centro y las principales avenidas idealizadas por mi padre, las salas de cine gigantescas donde soñaba con ser un héroe de aventuras o besar a Julia Roberts, los cerros donde jugaba béisbol, los amigos de la infancia, las radionovelas de Kalimán, nada de eso existe ya, es, como dice José Emilio Pacheco, "el mundo antiguo". Máquinas excavadoras rebanaron los cerros y miles de migrantes los poblaron. De esa

Antonio DeMarco conecta su izquierda potente al venezolano **Jorge Linares** la noche del 15 de octubre de 2011 en Los Ángeles, California. DeMarco noqueó sorpresivamente en el undécimo *round* a Linares luego de llevar casi todos los episodios perdidos.

ciudad solo quedan olores y sabores… Y edificios destartalados.

—No se te olvide que en esta ciudad también hay cosas buenas. Ustedes los periodistas siempre se quedan con todo lo malo. Ahí tienes, por ejemplo, el box. Tijuana es una cantera de grandes boxeadores y campeones mundiales, y lo seguirá siendo por mucho tiempo porque aquí están las mejores escuelas y entrenadores de box del país. Los grandes entrenadores de la ciudad de México murieron sin pasar a sus hijos su sabiduría. Aquí en Tijuana no, los manejadores están heredando lo que saben a sus hijos y se están renovando. Fíjate, en los últimos 25 años siempre hemos tenido un campeón mundial formado aquí. Ya ves ahora a Antonio Margarito "el Tornado de Tijuana" (acababa de ganarle al astro puertorriqueño Miguel Cotto). Eso le da alegría a la gente y hace que se olviden de sus problemas —me dice Ray Solís y hace una mueca que parece una sonrisa.

> **"TIJUANA ES UNA CANTERA DE GRANDES BOXEADORES Y CAMPEONES MUNDIALES, Y LO SEGUIRÁ SIENDO POR MUCHO TIEMPO PORQUE AQUÍ ESTÁN LAS MEJORES ESCUELAS Y ENTRENADORES DE BOX DEL PAÍS." RAY SOLÍS**

El 15 de octubre de 2011 en el Staples Center de Los Ángeles, California, Antonio DeMarco noqueó sorpresivamente —luego de llevar la pelea perdida en puntos— al astro venezolano Jorge Linares y con ello conquistó el campeonato mundial de peso ligero del CMB.

El 21 de abril de 2012, en Morelia, Michoacán, Marvin Quintero noqueó en el noveno episodio al filipino Al Sabaupan y con ello se convirtió en primer retador al campeonato de peso ligero de la Federación Internacional de Boxeo (FIB).

Reportaje realizado en el verano de 2008.

Antonio "Cañitas" Lozada noqueó en el cuarto *round* al colombiano **Henry Aurad,** la noche del 10 de abril de 2010 en Tijuana. El triunfo le significó obtener el cetro vacante de peso superligero de la Fecarbox del CMB.

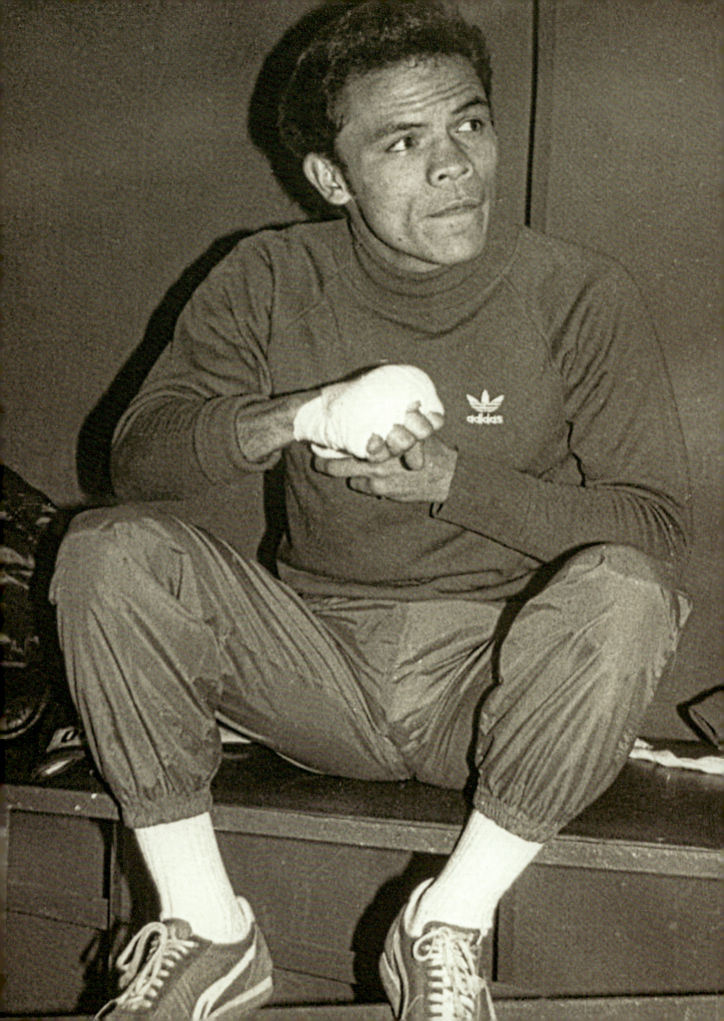

ROUND 2
AL BORDE DEL RING

Érik "El Terrible" Morales olió el boxeo como los hijos de los carpinteros huelen la madera. Su padre fue boxeador profesional y entrenador. Creció con una idea fija: ser peleador, pero uno de los más grandes de México. En la foto, durante un entrenamiento en el gimnasio de la zona norte a finales de 1999 ★ p.82 El excampeón mundial, el capitalino **Daniel Zaragoza,** se venda previo a un entrenamiento. Zaragoza peleó en Tijuana en julio de 1986 ante **Antonio González** ★ p.83 **Felipe Urquiza** preparándose para subir al *ring*.

BOXEADORES AL FILO

"ESTAR AL FILO". LA EXPRESIÓN EN UN SENTIDO FIGURADO SIRVE PARA SINTETIZAR LA INMINENCIA O EL PRINCIPIO DE UN SUCESO. EL BORDE DE UN MUNDO QUE EL CORAZÓN AVISA ES DISTINTO AL QUE SE HA VIVIDO ★ A MENUDO LOS BOXEADORES —AUNQUE MÁS LOS PROMOTORES Y MANEJADORES— UTILIZAN ESE REGIONALISMO PARA REFERIRSE A LOS MOMENTOS CERCANOS A CONTENDER POR UN CAMPEONATO MUNDIAL Y HAY MUCHAS POSIBILIDADES DE GANARLO ★ ES EL MOMENTO CUANDO LOS PELEADORES RECUERDAN EL SACRIFICIO QUE FUE INDISPENSABLE, CÓMO FUERON LOS PRIMEROS AÑOS DE PROFESIONAL, TODO AQUELLO QUE LOS ALEJÓ DE LO QUE LOS DEMÁS LLAMABAN LA VIDA ★ LA ABNEGACIÓN, MUCHAS VECES, LES EMBOTÓ LA PERSONALIDAD PERO LO ÚNICO QUE LOS MANTUVO EN LA CORDURA FUE EL DESEO DE PELEAR ALGÚN DÍA POR UN TÍTULO UNIVERSAL ★ PERO ¿QUÉ SUCEDE CUANDO LA OPORTUNIDAD LLEGÓ, PERO EL OTRO LADO FUE LA DERROTA Y NO EL CAMPEONATO? ¿POR QUÉ EL RECORDAR NO VALIÓ LA PENA? ¿DÓNDE QUEDARON TODAS LAS AMBICIONES Y LOS SUEÑOS? UN GRUPO DE BOXEADORES, QUE FUERON PRIMERAS FIGURAS DE ESTE DEPORTE EN TIJUANA ENTRE 1995 Y 2005, EXPLICAN QUE DESPUÉS DE CRUZAR EL FILO CIERTAMENTE YA NO SIGUIERON SIENDO LOS MISMOS.

El tijuanense **Héctor Velázquez** (izquierda) intercambia golpes con el astro filipino **Manny Pacquiao** durante el combate que sostuvieron por el título internacional de peso superpluma del CMB, el 10 de septiembre de 2005 en el Staples Center de Los Ángeles, California. Velázquez, sin embargo, caería noqueado en el sexto *round*.

"PRÁCTICAMENTE EN TODA MI CARRERA HE TENIDO ESTOS VIAJES LARGOS, DONDE SÉ QUE TENDRÉ TODO EN CONTRA, TODO", DIJO RESIGNADO HÉCTOR VELÁZQUEZ, DE 35 AÑOS, 17 DE ELLOS DENTRO DEL BOXEO DE PAGA. El 22 de mayo de 2010 peleó en Rostock, Alemania, contra el campeón de peso superpluma del Consejo Mundial de Boxeo (CMB), el alemán Vitali Tajbert. La contienda fue detenida en el noveno *round*, tras un cabezazo accidental, y los jueces otorgaron decisión unánime a favor del monarca.

"Fueron catorce horas de vuelo, tenía mucho tiempo para pensar en todo lo que me ha sucedido. Pensaba que no tenía que fallar a estas alturas, que era mi última oportunidad en convertirme en campeón mundial, que ya no podía pisar para atrás. También, por supuesto, me acordaba de mi familia, de mis hijos. Es inevitable que compares lo que ha sucedido en otros viajes, donde iba contra el campeón a su casa, donde sé que hay favoritismo, como siento que lo hubo esta vez en Alemania. Hasta en la televisión solo repetían los golpes de Tajbert, los golpes que yo conectaba no los comentaban, no salían", explicó Velázquez.

Cinco meses antes de la contienda contra el alemán, Héctor viajó a La Guaira, Venezuela, para pelear contra el entonces campeón de peso ligero del CMB, Edwin Valero.

Para el séptimo episodio Velázquez ya no salió de su esquina. No solo el venezolano lo había vapuleado, también el público que le gritaba enardecido: "Te vamos a matar, te vamos a matar".

Héctor Velázquez nació en Mazatlán, Sinaloa, pero al final de su adolescencia se mudó con su familia a Tijuana porque su madre no quería que creciera entre la violencia de las pandillas en el barrio donde vivían.

Comenzó a entrenar boxeo a las pocas semanas de su llegada a la ciudad en el club del veterano *manager* Ricardo "Cheto" Torres, quien lo debutó en el invierno de 1993. Tuvo una carrera de altibajos hasta que en agosto de 2000 venció al excampeón mundial Raúl "el Jíbaro" Pérez y pareció despuntar.

Sin embargo, hizo diez combates al hilo —dos de ellos los perdió— cuando fue presentando ante Ricardo *"Rocky"* Juárez por el título Continental Pluma del CMB y cayó en puntos. Después hizo otra campaña de seis contiendas sin perder antes de enfrentar al astro filipino Manny Pacquiao, quien lo derrotó en seis giros.

Pero en noviembre de 2006 ganó el Continental de América de las 130 libras del CMB, derrotando a Bobby Pacquiao, y, ocho meses después, la eliminatoria al campeonato Pluma del CMB, contra Mario Santiago, que lo clasificó como primer retador al título. Pese a que se mantuvo un año en esta posición, nunca llegó la oportunidad, incluso fue obligado, asegura Velázquez, por su promotor Fernando Beltrán (quien representa en México a la empresa Top Rank de Bob Arum) a pelear de nuevo la eliminatoria al campeonato mundial ante Elio Rojas en el otoño de 2008 y perdió.

"He tenido muy llanoso el camino, todos tienen buen promotor, pero yo no. Me he ganado la oportunidad muchas veces, realmente me la he ganado peleando. Entre más he ganado más difícil se me ha puesto el camino. Generalmente me dan explicaciones que nunca me dejan satisfecho, como que la televisión no se interesa por mi récord o porque otros rivales no se quieren arriesgar a darme la oportunidad porque he dado muchas sorpresas", me dijo.

★ ★ ★

PARA ERNESTO "BABY" ZEPEDA, DE 33 AÑOS, LAS COSAS NO FUERON MUY DISTINTAS, AUNQUE EN SU CASO ASEGURA QUE INFLUYÓ TAMBIÉN QUE LA PIEL DE SU ROSTRO NO SOPORTARA LOS CONTINUOS GOLPES Y SE ABRIERA CON FACILIDAD EN SUS ÚLTIMAS PELEAS.

Zepeda, quien fue esparrin de Julio César Chávez, fue uno de los grandes prospectos a mediados de la década de los noventa que el veterano promotor Ignacio Huízar apoyó con fervor. Pero luego de sus derrotas ante Steve Forbes y Antonio Ramírez en el año 2000, y cuando ya tenía en su récord 32 contiendas, Huízar lo dejó irse con otro *manager*.

El entrenador Rómulo Quirarte, quien lo había debutado, lo siguió amparando y le consiguió un contrato con Fernando Beltrán, quien lo peleó contra Arturo Ocampo y el ugandés Justin Juuko. En ambas contiendas Zepeda salió con el

Del gimnasio a la iglesia. Una tarde común para **Héctor Velázquez.** Al final de su jornada en el club Cheto's regresa a casa con su esposa e hijo; antes pasa a la catedral de Tijuana para pedir que todo salga bien en su próxima pelea.

brazo en alto. Además, ante Juuko, ganó el campeonato superpluma de la Asociación Norteamericana de Boxeo.

"Sentí deseos de nuevo de salir adelante, de llegar algún día a ser campeón del mundo, pero luego empecé a darme cuenta que había otros problemas: me cancelaban peleas a última hora después de pasar meses entrenando o, por lo mismo, dejaba de entrenar unas semanas y justo me avisaban que había una pelea dentro de 15 días y la tomábamos porque necesitábamos dinero. Yo miraba todo eso como favoritismos de los promotores o de los representantes de los organismos de boxeo, no sé, cada quien tenía a sus peleadores y yo no estaba en su lista", dijo Zepeda.

Después de su combate contra el ugandés hizo cuatro peleas; en la cuarta, ante Jesús Zatarin, se decretó un empate en el segundo *round* porque un cabezazo accidental abrió la ceja izquierda de Ernesto. Una herida que fue herencia de duros combates que tuvo al comienzo de su carrera y que sería su talón de Aquiles.

En el verano de 2002 fue noqueado por el estadounidense James Crayton y un año después también el capitalino Julio Díaz lo venció por nocaut en una pelea que fue por el título Latinoamericano de peso ligero del CMB.

Zepeda, quien nació en Mazatlán pero fue criado desde su niñez en Tijuana, hizo 14 peleas más hasta agosto de 2009, seis fueron derrotas y una empató. Tenía trece años como profesional.

"Perdí en peleas importantes, soy frágil de las cejas, ese ha sido mi defecto", dijo.

✦ ✦ ✦

COMO ES NATURAL, EL SENTIMIENTO DE LA DERROTA LLEVA A MUCHOS BOXEADORES A LA DEPRESIÓN Y A LA VERGÜENZA. La frustración al no alcanzar lo que se sueña los hace que se oculten, que se encierren. Algunos de sus amigos, la familia o sus necesidades económicas los animan a regresar y vuelven, pero ya no es lo mismo, como si la aflicción se trajera siempre en la frente.

El púgil tijuanense Rito Ruvalcaba pasó un año alejado del boxeo luego que fuera noqueado en el primer *round* por el campeón de peso medio de la Asociación Mundial de Boxeo (AMB), el estadounidense William Joppy, el 20 de mayo de 2000 en Tunica, Mississippi. Para Ruvalcaba, era su primera aparición en plan estelar y su primera oportunidad de un título universal.

"Siempre soñé con ser grande en el boxeo. Aquella vez cuando peleé contra Joppy estaba bien preparado, pero me sentía muy confiado y me sorprendió. Creo que no tenía la madurez suficiente", dijo Ruvalcaba, de 35 años.

Rito tenía 29 combates cuando fue en busca del campeonato mundial, 26 los había terminado por nocaut, y en dos ocasiones había perdido.

Luego de meditar si continuaba en el boxeo, regresó en marzo de 2001 ante el estadounidense Dwain Williams, quien lo noqueó en dos *rounds*. Los reveses continuaron cuando Brandon Mitchell también lo noqueó en cuatro episodios al año siguiente y en 2003 de nuevo cayó ante Eric Regan en dos giros.

Ruvalcaba, que creía que todo era solo una mala racha y por eso se resistía a retirarse, hizo una campaña de cuatro peleas en Tijuana durante 2003 ante rivales que no le exigieron demasiado, ganó y recuperó un poco su confianza.

Sin embargo, en febrero de 2004 el colombiano Epifanio Mendoza lo noqueó en el octavo *round* en un combate donde se disputaban el campeonato Latino de peso medio de la Organización Mundial de Boxeo (OMB) en Miami, Florida. Y siete meses después, en el Toreo de Tijuana, el guanajuatense José Luis Zertuche lo mandó a la lona en el primer *round*. Pese a que recobró el sentido minutos después, bajó por su cuenta del *ring* sonriente y pálido, todavía hoy no tiene memoria de qué sucedió aquella noche, cuándo entró al vestidor y a qué horas salió.

Desde su combate contra Dwain Williams, el entrenador Rómulo Quirarte pidió a Ruvalcaba que se retirara del boxeo. Había observado que golpes que antes se quitaba ahora los atrapaba y, sobre todo, que había perdido la pasión por este deporte: no entrenaba bien ni corría todos los días como los demás púgiles.

✦ ✦ ✦

"CREO QUE LO QUE NOS PASÓ A ESA GENERACIÓN ES QUE TAL VEZ NOS SENTIMOS CAMPEONES MUNDIALES SIN SERLO. Nos la creímos antes de conseguir

Los niños escuchan al maestro. Don **Rómulo Quirarte** es el hombre que ha estado detrás del club Crea en los últimos 40 años, tiempo en que ha visto pasar a grandes astros del boxeo como **Julio César Chávez** o **Jorge "Maromero" Páez,** entre otros campeones mundiales e ídolos de los encordados; sin embargo, el entrenador conserva su humildad y su actitud paternal hacia todos los que se le acercan a recibir consejo.

algo, y eso se paga, se paga caro. Como nos sucedió", dijo Pedro "el Guerrero" Ortega, de 38 años, quien fue compañero de gimnasio de Ruvalcaba y Zepeda.

Ortega disputó en el verano de 1998 el campeonato de peso *superwelter* de la Federación Internacional de Boxeo (FIB) al entonces monarca Luis Ramón *"Yori Boy"* Campas en el Auditorio Municipal de Tijuana.

Campas lo triplicaba en experiencia, pero además Ortega se dolía de una fractura en la nariz. Pese a su esfuerzo, "el Guerrero" fue noqueado en el undécimo episodio.

En todo caso eso no deprimió a Ortega sino el pleito que tuvo un año después, cuando era primer retador al título de las 154 libras de la AMB y enfrentó —convencido por su *manager* Ignacio Huízar— al sonorense José Alfredo "Shibata" Flores.

* * *

HUÍZAR LE HABÍA ASEGURADO QUE FLORES ESTABA AL BORDE DEL RETIRO Y QUE INCLUSO NO ESTABA ENTRENANDO. Ortega se confió. El público asistente en el histórico frontón Jai Alai enmudeció cuando vio caer noqueado en el cuarto *round* al "Guerrero", de quien se decía podía ingresar a una de las divisiones más redituables, pues en *welter* y *superwelter* estaban entonces los astros Óscar de la Hoya, Félix "Tito" Trinidad, Oba Carr, Ike *"Bazooka"* Quartey y Fernando "el Feroz" Vargas, entre otros.

"Me confié y ese fue mi error", dijo Ortega, quien hizo luego trece contiendas y solo pudo ganar tres de ellas. En el invierno de 2004 se retiró.

* * *

SEGÚN EL *MANAGER*, PROMOTOR Y EXBOXEADOR ANTONIO "CAÑAS" LOZADA, TODOS LOS PELEADORES SON ADMINISTRADOS HASTA UN PUNTO EN QUE SUS PROPIOS APODERADOS DECIDEN PROBAR DE QUÉ MADERA ESTÁN HECHOS SUS PROTEGIDOS. Así los envían al cuadrilátero ante experimentados púgiles tras una campaña de contiendas fáciles. En ese momento observan el carácter de sus peleadores, cómo reaccionan en sus esquinas ante la adversidad o simplemente ante el equilibrio. "Ahí es donde se nota que pueden hacer algo grande en este deporte".

Una imagen sintetiza esta idea. Es la del excampeón mundial José Luis Castillo exigiéndole a su hermano Ricardo "Piolo" Castillo mayor compromiso en el combate que desarrollaba contra el canadiense Steve Molitor por el campeonato de peso supergallo de la FIB el 19 de enero de 2008 en Ontario, Canadá.

Los *rounds* pasaban en la pelea y el "Piolo" no tiraba golpes, Molitor le estaba superando en todo. Entonces José Luis Castillo subió a la esquina desesperado en el séptimo episodio y le dijo: "Suelta las manos, trata de coronarte y vas a ver que tu vida va a cambiar, tienes que hacerlo si no vas a perder la pelea".

Ricardo Castillo, de 29 años, que para entonces tenía 39 peleas, 34 victorias, cinco derrotas y 24 nocauts, no siguió el consejo de su hermano y fue ampliamente superado. Perdió por decisión unánime.

Rómulo Quirarte, quien lo había preparado para este compromiso, me dijo dos días después de la pelea: "El entrenador enseña técnica, táctica, preparación física y en ocasiones hasta psicología; pero lo que no puede transmitir es su inteligencia y 'pantalones'. Lo que falta muchas veces es la decisión del peleador".

El "Piolo" siguió recibiendo buenas oportunidades por parte de su promotor Fernando Beltrán. Peleó por el campeonato nacional de peso supergallo contra Giovanni Caro y este lo noqueó en el undécimo *round* en Mexicali. Luego, a finales del otoño de 2008, disputó sin éxito el título de peso pluma Fecombox ante Cristian López en Hermosillo, Sonora. Hiló tres triunfos y se presentó en Tuxtla Gutiérrez, Chiapas, contra Cristóbal "Lacandón" Cruz por el campeonato de peso

> **"EL ENTRENADOR ENSEÑA TÉCNICA, TÁCTICA, PREPARACIÓN FÍSICA Y EN OCASIONES HASTA PSICOLOGÍA; PERO LO QUE NO PUEDE TRANSMITIR ES SU INTELIGENCIA Y 'PANTALONES'. LO QUE FALTA MUCHAS VECES ES LA DECISIÓN DEL PELEADOR." RÓMULO QUIRARTE**

El *ring* del club **Morán,** donde también se celebran los torneos "Guantes de Oro" entre púgiles aficionados.

pluma de la FIB. El combate fue declarado un empate en el tercer giro tras un cabezazo accidental. En su última pelea, Castillo perdió ante Juan Carlos Burgos la pelea eliminatoria al título del CMB de las 126 libras.

★ ★ ★

"YO SOY MUY CREYENTE Y CREO QUE SI UNO NO LLEGA A LA META QUE SE PROPUSO ES SIMPLEMENTE PORQUE DIOS ASÍ LO QUISO", DIJO RICARDO "CHAPO" VARGAS, UN FINO BOXEADOR NATIVO DE ESTA FRONTERA.

Vargas disputó tres veces un campeonato mundial y nunca lo pudo conseguir. La primera vez fue por el campeonato gallo de la Asociación Mundial de Boxeo contra Jorge Eliecer en julio de 1993 en la Plaza de Toros de Tijuana. Entonces el "Chapo" era el niño prodigio del boxeo; el entrenador Rómulo Quirarte lo había sacado de las calles y le había enseñado el *abc* del boxeo hasta convertirlo en una figura antes de los 20 años. Este halo, sin embargo, no le alcanzó y perdió por decisión dividida.

Dos años después en Las Vegas, Nevada, empató contra Johnny Tapia en la pelea por el título supermosca de la OMB. Y, después de superar una serie de problemas personales y profesionales, en mayo de 2005 enfrentó a Rafael Márquez por la corona de peso gallo de la FIB, pero fue superado ampliamente por el púgil capitalino.

Hizo cuatro combates más y en el invierno de 2008 se retiró luego de dos décadas de permanecer en el boxeo profesional. Tenía 36 años, 56 peleas, 39 triunfos, 14 derrotas y tres empates.

"Siempre fui un boxeador disciplinado y cuando tenía un compromiso en puerta me dedicaba cien por ciento a entrenar, sin distracciones. Cuando peleaba lo daba todo, todo lo que hasta ese momento había aprendido, todo. Por eso al final de mi carrera me quedé tranquilo. Si no fui campeón mundial es porque hay veces que Dios no quiere. Ese fue mi caso", dijo Vargas.

LA FÁBRICA DE BOXEADORES EN TIJUANA

96

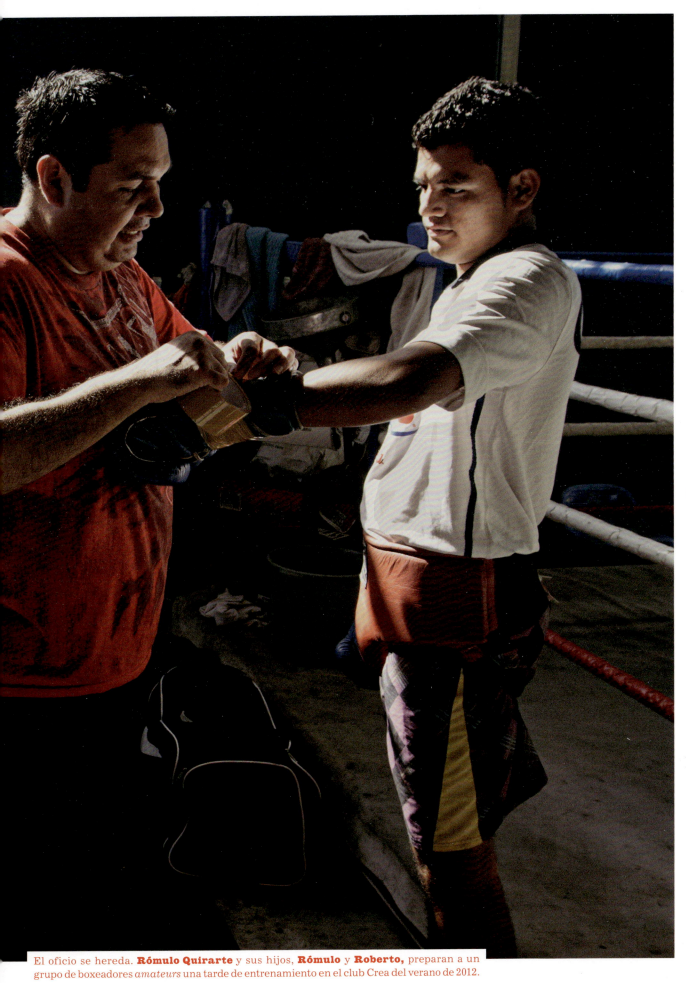

El oficio se hereda. **Rómulo Quirarte** y sus hijos, **Rómulo** y **Roberto,** preparan a un grupo de boxeadores *amateurs* una tarde de entrenamiento en el club Crea del verano de 2012.

Humberto "la Zorrita" Soto, celebra después de noquear al canadiense **Benoit Gaudet,** durante el noveno *round* de su pelea por el título de peso superpluma del CMB, mientras el réferi **Jay Nady** hace el conteo, el 2 de mayo de 2009 en el MGM Grand en las Vegas, Nevada. Soto ganó por nocaut técnico en el noveno *round*.

BUSCANDO LA INMORTALIDAD I
HUMBERTO "LA ZORRITA" SOTO

HUMBERTO SOTO APENAS TIENE 17 AÑOS Y NADIE CREE ENTONCES QUE PUEDE LLEGAR A SER ALGÚN DÍA EL MEJOR PELEADOR DE MÉXICO, NADIE, NI SIQUIERA ÉL.

ES LA NOCHE DEL 15 DE MAYO DE 1998 Y ACABA DE CONCLUIR SU SÉPTIMA PELEA PROFESIONAL EN LOS MOCHIS, SINALOA.

Se limpia la sangre y el sudor, y parece recobrar el rostro de un niño luego de haber jugado todo el día en la tierra. Está a la espera del resultado de los jueces con el semblante que tienen los soldados de la primera línea de fuego, ese que parece decir: "Estamos dispuestos a morir primero, no se olviden de nosotros, saludos a nuestra familia. Un beso para el hijo que todavía no nace".

Su infancia ha sido dura, ha tenido que trabajar desde los siete años para llevar algo a su madre y a sus tres hermanos; aunque carga el consuelo de no ser el único. Es común en su barrio que decenas de niños hagan de milusos por unos pesos en un poblado de personas que ya no lloran sus desgracias ni amenazan alzando el puño, solo permanecen ahí llevando de un lado a otro su desamparo, resignados.

Soto recién terminó la preparatoria y el boxeo ahora se le presenta, junto a sus oficios de vendedor de tamales y paquetero de DHL, como una oportunidad de tener un ingreso extra. Este deporte lo conoce desde su infancia porque su abuelo fue presidente del Comité de Box Amateur. Él lo animó a entrar a pelear y lo bautizó con el sobrenombre de "la Zorrita", por su mirada siempre sorprendida, como si lo hubieran atrapado en una travesura.

Ha dado el mejor combate de su corta vida como púgil profesional ante su paisano Ángel Mata y por eso cobró un salario de 600 pesos, cien por cada *round*, pero no se los dieron en efectivo sino en boletos que él mismo tenía que vender entre su familia, amigos y conocidos.

El hombre que está en su esquina, apenas sepa que los jueces decretaron que Soto perdió, venderá su contrato al *manager* que está en la esquina contraria por la cantidad de 2000 pesos. Con ese dinero se emborrachará durante 15 días imaginando que hizo el negocio de su vida.

Mientras, su pupilo viajará a Tijuana para comenzar otra vida ante un nuevo entrenador, otro *manager*, una nueva familia, otro público, un universo distinto. Como buen aventurero, Soto piensa entonces que el destino humano es ampliar lo que nos dieron, construir un mundo que siempre está ante nosotros de un modo distinto de cómo lo habíamos visto ayer.

En la frontera entrenará en el gimnasio del experimentado Rómulo Quirarte, de quien ha escuchado el estilo paternal con que se dirige a

El triple exmonarca mundial **Humberto "la Zorrita" Soto,** una tarde de entrenamiento en el club Crea en el verano de 2012.

sus peleadores y su historia detrás de Julio César Chávez y otros campeones mundiales. Vivirá al amparo del exboxeador y *manager* Antonio Lozada. También trabajará como chofer de autobuses para pasajeros.

"Yo llegué a un nivel aquí, entré a otra etapa, me encontré con que tenía más recursos y podía desarrollarlos", me dijo Humberto Soto doce años después de aquel viaje que le cambió su suerte.

> SOTO VE A SU CONTRINCANTE COMO SI FUERA ÉL MISMO PERO HACE SEIS O SIETE AÑOS; RECONOCE EN SU OPONENTE LA ANSIEDAD Y EL NERVIO QUE ÉL TUVO, UNA INTENSA SENSACIÓN DE PÉRDIDA Y DE AUSENCIA QUE SOLO SE COMPENSA CON GANAR.

Realizó 54 peleas en Tijuana, Las Vegas, Atlantic City, Nueva York y Yorkshire (Reino Unido), entre otras capitales del boxeo mundial, antes de volver a Los Mochis el 15 de mayo de 2010, justo doce años después de aquella contienda contra Mata cuando compraron su contrato. Ya es el mejor peleador de México y cobra un salario de al menos 100 000 dólares por contienda; tiene tres campeonatos mundiales en igual número de divisiones —algo que solo seis boxeadores en la historia del pugilismo mexicano han logrado— y lo rodean más de 15 000 personas esa noche en el estadio Centenario.

Su rival en turno es su paisano Ricardo Domínguez, un peleador de 24 años que es tercer retador al título ligero del CMB y ganador de un *reality show* de boxeadores llamado *Campeón Azteca*.

Desde que el sonido de la campana lo impulsa a comenzar la función, Soto —me contará después— ve a su contrincante como si fuera él mismo pero hace seis o siete años; reconoce en su oponente la ansiedad y el nervio que él tuvo, una intensa sensación de pérdida y de ausencia que solo se compensa con ganar, cumplir el deseo de ser campeón mundial antes de los 30 años, porque la vida de un pugilista después de los 30 es como una vela a la que le falta muy poco para que se le acabe la mecha.

La táctica del retador es cazarlo, atraparlo en un descuido, y así lo prende con una derecha que hace que Soto doble sus piernas, pero no cae, no caerá, pues la ambición que lo ha impulsado al lugar donde está, hace que todos los días se levante temprano a correr, entrene sin quejarse, se prepare, piense que es el mejor.

Se repone pronto del golpe y dicta las condiciones de la pelea, expulsa todo lo que ha aprendido estos años, su retador lastimado se tambalea varias veces con los golpes que "la Zorrita" le da hasta lesionarse de su mano derecha; sin embargo, tampoco cae y trata de responder los embates del campeón hasta el último segundo.

En el curso de la contienda Julio César Chávez, que colabora para la transmisión de la función por televisión, dice con voz aguda en el undécimo *round*: "Ya se vio que el campeón no es cosa del otro mundo"; luego, con tono más amenazante, en el último episodio el ídolo mexicano remata: "Ya demostró que no es un buen campeón, no es lo que dicen ustedes".

Los jueces al término de la pelea señalan una decisión unánime para Humberto "la Zorrita" Soto, quien ha batallado por las difíciles condiciones que le presentó Domínguez. Le aguantó todo su repertorio. En el ambiente, sin embargo, los comentarios de Chávez dejan un sabor ácido.

★ ★ ★

"NUNCA IMAGINÉ LLEGAR AL LUGAR DONDE ESTOY, NO SOY CONFORMISTA, PERO NUNCA IMAGINÉ QUE LLEGARÍA HASTA AQUÍ. Solo me metí al gimnasio y me impulsaron las ganas de tener algo en la vida, porque mi niñez fue muy difícil, casi siempre estuve trabajando. Era el que tenía que llevar de comer a mi casa.

"Voy a hacer una defensa más y después buscaré un cuarto título mundial, si me corono quizá vengan más críticas, sería el primer mexicano en hacerlo", me dijo Soto una semana después de su contienda contra Domínguez, luego de pedirle que me diera su opinión sobre las críticas que hiciera Julio César.

El 13 de marzo de 2010, tras vencer a David Díaz y adjudicarse el campeonato ligero del CMB, Humberto Soto también fue nombrado el mejor peleador de México por los comentaristas de HBO TV Azteca y otro sector de la prensa especializada.

Aunque sitios como fightnews.com o la revista *The Ring* mantenían por encima de "la Zorrita" a Juan Manuel Márquez, el también triple monarca universal que estaba como campeón de peso ligero de la Asociación Mundial de Boxeo (AMB) y la Organización Mundial de Boxeo (OMB) y que tuviera dos combates memorables —ambos con sabor a triunfo, aunque con resultado de un empate y una derrota— ante Manny Pacquiao.

Esa duda podía quedar resuelta en el *ring*, pero según Antonio Lozada, apoderado de Soto, Ignacio Beristáin, *manager* de Juan Manuel Márquez, ha rechazado el enfrentamiento porque los promotores no garantizan una buena bolsa económica, a pesar de que ese enfrentamiento huele a Morales —Barrera o Vázquez— Márquez.

A diferencia de Julio César Chávez, Ricardo "el Finito" López, Marco Antonio Barrera, Érik "el Terrible" Morales o el propio Juan Manuel Márquez, Soto no tiene un récord perfecto ni una contienda clásica que los aficionados recuerden pasado un tiempo. Además, hasta ahora, es uno de los boxeadores mexicanos menos conocidos en el mundo.

"La Zorrita" tiene una historia de 52 victorias, siete derrotas, una de ellas por nocaut, dos empates y 32 nocauts, que lo hacen ver, en todo caso, como un púgil vulnerable, más real y tal vez también más ambicioso; ya que a diferencia de los campeones

> **"LA ZORRITA" TIENE UNA HISTORIA DE 52 VICTORIAS, SIETE DERROTAS, UNA DE ELLAS POR NOCAUT, DOS EMPATES Y 32 NOCAUTS, QUE LO HACEN VER, EN TODO CASO, COMO UN PÚGIL VULNERABLE, MÁS REAL Y TAL VEZ TAMBIÉN MÁS AMBICIOSO.**

Humberto "la Zorrita" Soto (derecha) expuso su cetro de peso ligero del CMB ante **Urbano Antillón,** el 4 de diciembre de 2010 en Anaheim, California. Soto ganó por una apretada decisión.

Rómulo Quirarte, hijo, amarra los guantes de su peleador, el triple exmonarca mundial **Humberto "la Zorrita" Soto,** una tarde de entrenamiento en el club Crea en el verano de 2012.

mexicanos que le antecedieron —salvaguardando de nuevo a Márquez— apenas fueron derrotados se desmoronaron anímicamente y mostraron inconsistencias en su vida personal y deportiva.

Soto ganó el campeonato interino de peso pluma del CMB a "Rocky" Juárez el 20 de agosto de 2005. Defendió solo una vez este cinturón ante Óscar León y después subió a la siguiente división para contender contra Iván Valle en un combate eliminatorio al título superpluma del CMB que ganó en cuatro *rounds*.

Hizo tres peleas más —noqueando en una de ellas al hermano del *"Pac Man"*, Bobby Pacquiao— y luego buscó el cinturón superpluma de la OMB ante el dominicano Joan Guzmán en el invierno de 2007, pero "la Zorrita" fracasó, fue vencido por unanimidad.

En ese tránsito de combate pedía oportunidades para pelear contra Barrera, Morales o Márquez, los tres mandones de la división, pero éstos se consideraban en otro nivel.

Volvió Soto con un nocaut ante Carlos Urías e inmediatamente el CMB le dio la oportunidad de pelear por el cinturón interino de peso superpluma ante Francisco Lorenzo, un peleador dominicano lleno de mañas que engañó al réferi fingiendo caer con un golpe ilegal y el tercer hombre del *ring* descalificó al mexicano. Sin embargo, volvió a enfrentarlo a finales de 2008 y lo venció sin problemas. Así logró su segundo campeonato mundial que defendería en tres ocasiones antes de probarse en los pesos ligeros ante un difícil

> "LA DISCIPLINA ES LO QUE MÁS ME HA LLEVADO HASTA DONDE ESTOY. NO NECESITAN LEVANTARME PARA IRME A CORRER, TAMPOCO IRME A ENTRENAR, YO SÓLO SÉ MIS OBLIGACIONES PARA LLEGAR AL SITIO DONDE ESTOY." HUMBERTO SOTO

Rómulo Quirarte, hijo, hace manoplas con el triple exmonarca mundial **Humberto "la Zorrita" Soto,** una tarde de entrenamiento.

Jesús "el Matador" Chávez a diez *rounds* y luego disputarle el campeonato del CMB a David Díaz.

"La clave para aguantar y no dejarme caer es la disciplina, porque el entrenamiento de un boxeador es muy rutinario. Nosotros no teníamos qué comer y yo me propuse hacer y tener; siento que lo voy logrando. La disciplina es lo que más me ha llevado hasta donde estoy. No necesitan levantarme para irme a correr, tampoco irme a entrenar, yo solo sé mis obligaciones para llegar al sitio donde estoy. Creo que logrando el cuarto título mundial llegará también el reconocimiento internacional, sería algo histórico", me dice.

✦ ✦ ✦

"CONOCÍ A HUMBERTO SOTO CUANDO HICIMOS UNA FUNCIÓN EN LOS MOCHIS Y A ÉL LE TOCÓ PELEAR CONTRA UN PELEADOR QUE YO TENÍA ENTONCES, ÁNGEL MATA. Ganó Mata, fue una decisión muy apretada y todavía 'la Zorrita' me dice que se la robaron.

"Pero, aun cuando ganamos, quien me llamó mucho la atención en esa pelea fue Humberto. Me gustó mucho su estilo, era alto, muy delgado para la división y tenía una quijada que aguantaba muchos golpes. Cuando terminó la función le ofrecí a su entrenador ser socios, él me dijo que no trabajaba así, que si lo quería lo tenía que comprar por una buena lana, creí que iba a ser mucho, luego me dijo: 'dame 2000 pesos'. Así cerramos el trato", me dijo el exboxeador y *manager* Antonio Lozada.

Humberto Soto abandonó el campeonato de peso ligero del CMB en junio de 2011, luego de ganarle en 11 *rounds* al japonés Motoki Sasaki, para buscar un título universal en la siguiente división. Hizo una campaña de tres combates en peso superligero, sin embargo, en la tercera contienda (celebrada el 23 de junio de 2012 en Los Ángeles, California) fue derrotado en el quinto *round* por el argentino Lucas Matthysse.

No importa cuántas penas haya pasado, luego de ganar el campeonato mundial todo ha sido restaurado. **Cristóbal "Lacandón" Cruz** durante un entrenamiento en el club Morán.

BUSCANDO LA INMORTALIDAD II
CRISTÓBAL "LACANDÓN" CRUZ

EL BOXEO ES UNA SÍNTESIS DE LA VIDA, POR ESO A NADIE QUE CONOZCA ESTE DEPORTE LE EXTRAÑA LAS PARADOJAS QUE CONSTANTEMENTE SUCEDEN.

AHORA MISMO, ARRIBA DEL *RING*, EN EL ESTADIO TOMÁS OROZ GAYTÁN DE CIUDAD OBREGÓN, SONORA, EL BOXEADOR CRISTÓBAL "LACANDÓN" CRUZ ESTÁ VIVIENDO UNO DE ESOS CONTRASENTIDOS DE LA VIDA. Acaba de perder ante un rival que lo encumbró hace dos años y que lo convirtió en campeón mundial de peso pluma de la Federación Internacional de Boxeo (FIB). Su contrincante, Orlando Salido, un experimentado púgil de 29 años con 47 contiendas a cuestas, además lo tumbó en dos ocasiones durante el combate.

Cristóbal Cruz está triste, como es natural, y al bajar de la esquina repite dos veces "estoy bien", como si quisiera reafirmar algo de lo que no está seguro. Camina despacio, está cansado pero no lo suficiente para dar esos pasos tan sin ganas; es como si esperara una corrección de los jueces o un aplauso del público que durante todo el combate lo abucheó.

"Apenas en ese momento me di cuenta que había sido campeón mundial, que ya no tenía el cinturón", me contará una semana después. Rumbo a los vestidores pensaba en lo que pasó hace dos años, cuando en el casino Northern Quest de Airway Heights, Washington, derrotó por decisión dividida a Salido inesperadamente, porque aquella vez ni siquiera él creía que podía lograrlo.

"Lacandón" se había mantenido más con desesperanza que con ilusión dentro del boxeo luego de pasar 16 años siendo peleador profesional y aún tener muchas necesidades económicas.

"Yo creía que había dado todo en el boxeo. Debuté en profesional a los 15 años en Chiapas y prácticamente entregué todo a esta profesión. Pero durante todo ese tiempo yo sentía que no había logrado nada", me dijo.

Hasta antes de contender por primera vez contra Salido, había hecho 49 combates, 11 de ellos habían sido derrotas. No tenía un promotor y además sobrepasaba los 30 años, los 30 que para cualquier púgil que no ha conseguido un título universal son como los 40 de una mujer que desea tener un hijo.

Ese récord nada elegante para un aspirante a un campeonato mundial era visto por *administradores de boxeadores* como una buena oportunidad de probar a sus protegidos de una vez por todas.

Cristóbal Cruz lo sabía y por eso aprovechaba las oportunidades de este tipo que le presentaban como un gitano que turba la mirada para decir: "No importa lo malo que sea; cuando estoy así, Dios, soy bueno".

> "MI CARRERA AL PRINCIPIO FUE DE DERROTAS, HICE CUATRO PELEAS DE CUATRO ROUNDS Y TODAS LAS PERDÍ. YO NO TENÍA EXPERIENCIA NI NADIE QUE ME ACONSEJARA QUÉ HACER ARRIBA DEL RING, YO SÓLO PELEABA PORQUE OCUPABA EL DINERO."

Así el 7 de marzo de 2008 sorprendió a los dueños de la empresa Banner Promotions cuando derrotó al sudafricano Thomas Mashaba en Mashantucket, Connecticut, y ganó el campeonato de la Organización Internacional de Boxeo (OIB).

"Antes de esta pelea yo había pensado en retirarme, porque peleaba esporádicamente aun cuando entrenaba todos los días. Esa vez habían pasado siete meses de mi última pelea y me habían avisado tres semanas antes de la pelea. No podía seguir así, dejando todo en el gimnasio sin que me dieran oportunidades y con el pendiente de mantener a mi familia", me dijo.

ESPN reportó que durante la batalla, Cruz lanzó 1580 golpes, 549 de ellos efectivos. Todo un récord mundial. Mashaba terminó con los ojos cerrados, mientras Cristóbal tenía la nariz ensangrentada.

El triunfo ante Mashaba le sirvió para que fuera programado el 23 de octubre de 2008 para aspirar al campeonato de las 126 libras de la FIB ante el protegido de la empresa Top Rank, Orlando Salido.

Cruz había visto la contienda que Salido dio contra Juan Manuel Márquez cuatro años antes en Las Vegas, Nevada, y le impactó la actuación de Orlando pese a que este había perdido.

"Yo creía que no estaba a ese nivel... A pesar de que ya tenía mucho tiempo en el boxeo", me dijo.

Cuando enfrentó a Salido, el combate fue duro, sangriento, de mucho choque, los peleadores tiraron más de mil golpes cada uno durante los 36 minutos que duró la contienda. Al final un juez vio ganar a Salido y los otros dos le dieron el triunfo a "Lacandón".

Por fin alcanzaba el sueño que se propuso al viajar a Tijuana en 2002, "porque me dijeron que aquí se hacían los campeones". Tenía 31 años, un récord imperfecto, mucho coraje y ganas de seguir a contracorriente. Inevitablemente también el triunfo le trajo las imágenes de su infancia humilde, la tierra roja y la pobreza que vivió en Jiquipilas, un pueblo asentado en las estribaciones de la Sierra Madre de Chiapas.

"Lugar de alforjas", eso es lo que significa Jiquipilas en la lengua náhuatl; ahí Cristóbal trabajaba junto a su padre y sus ocho hermanos en la agricultura. Sembraban cacahuate, maíz y frijol, que vendían al menudeo en el pueblo.

"Tuve muchas carencias en mi niñez. Desde chico conocí el valor de la vida, el trabajo, el hambre, el compartir todo", me dijo.

Mientras abría la tierra para echar la semilla en el surco, pensaba que algún día sería médico veterinario pero pronto ese deseo se perdió cuando tuvo conciencia de las pocas oportunidades para estudiar y las necesidades económicas que parecían aumentar todos los días.

Entonces el boxeo, que había sido un pasatiempo y una afición de sus dos hermanos mayores que también entrenaban, se convirtió en una posibilidad de traer un ingreso extra a casa y luego en una oportunidad de tener una profesión en la vida, viajar, salir de su pueblo.

"Mi carrera al principio fue de derrotas, hice cuatro peleas de cuatro *rounds* y todas las perdí. Yo no tenía experiencia ni nadie que me aconsejara qué hacer arriba del *ring*, yo solo peleaba porque ocupaba el dinero. Me pagaban 50 o 70 pesos por pelea y ese dinero se lo daba a mi mamá. Pero luego me propuse conocer cómo era la victoria, hice la quinta pelea a seis *rounds*, peleé contra uno que tenía mucha experiencia, de más de 30 años, y lo noqueé, yo tenía 15. Por primera vez me levantaron la mano y sentí como si hubiera ganado algo muy grande", explicó.

> "CREO QUE ASÍ HA SIDO MI CARRERA, HE PERDIDO Y DESPUÉS ME HE RECUPERADO; POR ESO VOY A CONTINUAR."

> "SERÁ DIFÍCIL, PERO DESDE LOS DIEZ AÑOS, CUANDO TRABAJABA EN LA TIERRA SEMBRANDO, SÉ EL VALOR QUE CADA COSA TIENE EN LA VIDA."

Desde entonces hizo 26 contiendas profesionales en Chiapas, Ciudad Juárez, Monterrey y la ciudad de México; 22 de ellas las ganó, una empató y en tres fue derrotado. En el último revés el púgil capitalino Martín Honorio lo noqueó en el primer *round* en la Arena México. La caída, sin embargo, fue el motivo por el que decidió cambiar su residencia a Tijuana.

Hasta entonces Cruz no había tenido un entrenador de planta. Sus combates los había ganado más con fortaleza y celo profesional que con técnica. Pero en la frontera buscó al *manager* Pedro Morán, quien dirigía por las tardes desde hacía 23 años el gimnasio de boxeo del Auditorio Municipal.

"Cristóbal solo era un boxeador fuerte cuando llegó aquí, muy fuerte para ser un peso pluma. Pero su boxeo era muy pobre, sin clase, sin método. No se distinguía. Aquí aprendió a tener un estilo y una técnica", dijo Morán.

Los Morán, padre e hijo, se esforzaron por darle un carácter a Cristóbal Cruz, pero no terminó siendo tan atractivo para que el público se desbordara por una pelea de él.

Tras fijar su residencia en Tijuana, comenzó a pelear principalmente en Estados Unidos ante contrincantes difíciles como Jorge Solís, Heriberto Ruiz, Luisito Espinoza, Francisco Dianzo, Steven Luévano, Francisco Lorenzo y Zahir Raheem.

Acumuló ocho derrotas en 22 peleas entre 2003 y 2007, un récord nada elegante para un aspirante a figura del boxeo. Sin embargo, su coraje ante Mashaba y luego el campeonato ante Salido cambió su vida.

Cruz hizo la primera defensa en Francia ante Cyril Thomas, a quien le ganó por decisión unánime, y luego hizo tres exposiciones contra rivales que ya había enfrentado antes de ser monarca.

En Tuxtla Gutiérrez, Chiapas, enfrentó primero a Jorge Solís, un púgil tapatío con el que había contendido en el Olimpic de Los Ángeles, California, en el invierno de 2003 y que le había ganado en puntos. Esta vez Cristóbal lo venció por unanimidad. Luego peleó contra Ricardo "Piolo" Castillo, a quien había derrotado a principios de 2003, y, tras un cabezazo accidental, el combate terminó en el tercer *round* decretándose un empate. Finalmente volvió a verse de nuevo contra Salido, pero esta vez en la tierra de este: Ciudad Obregón, Sonora, y las cosas fueron distintas. El retador se impuso en la mayor parte de la contienda, incluso mandó a la lona a Cruz en dos ocasiones en el segundo *round* con dos derechazos plenos. Aun así, "Lacandón" aguantó doce episodios.

Camino al vestidor su entrenador le palmea la espalda, le dice que solo fue una mala noche, ya vendrán mejores. Cruz sigue sumido en sus pensamientos, ahora tiene otra imagen, es la de un pleito que tuvo hace tiempo.

"Recuerdo una pelea, fue en El Foro de Tijuana contra Alberto Garza (20 de agosto de 2007), era por un campeonato regional y a mí me tiraron en el primer *round*, me levanté y seguí peleando. Toda mi vida he seguido peleando, así que seguí. En el octavo lo tiré, para entonces ya le había abierto las cejas, lo había golpeado duro. En el décimo *round* lo noqueé. Creo que así ha sido mi carrera, he perdido y después me he recuperado; por eso voy a continuar. Tengo todavía dos sueños relacionados con el boxeo: uno es pelear en Japón, el otro es ser campeón mundial en otra división. Será difícil, pero desde los diez años, cuando trabajaba en la tierra sembrando, sé el valor que cada cosa tiene en la vida", me dijo.

Cristóbal Cruz tuvo tres peleas luego de su pleito contra Salido, un empate y dos derrotas. Primero empató contra el armenio Art Hovhannisyan, en agosto de 2011; después fue vencido por el mexicano Juan Carlos Burgos, en febrero de 2012; y finalmente cayó noqueado en el segundo episodio ante el panameño Javier Fortuna, en julio de 2012.

Cristóbal "Lacandón" Cruz, se había mantenido más con desesperanza que con ilusión dentro del boxeo, luego de pasar 16 años siendo peleador profesional y aún tener muchas necesidades económicas. Por eso sorprendió la noche del 7 de marzo de 2008 cuando derrotó al sudafricano **Thomas Mashaba** en Connecticut, Estados Unidos. El peleador ha aprovechado cada oportunidad en el boxeo para sacar adelante a su familia. Actualmente pasa las mañanas atendiendo su negocio, una tortillería al este de la ciudad, y entrenando por las tardes en el club Morán.

Jackie "la Princesa Azteca" Nava celebra su victoria por decisión unánime ante la colombiana **Diana Ayala,** el 5 de mayo de 2012, durante su pelea en la ciudad de Tijuana. Nava retuvo su título de peso supergallo de la AMB.

BUSCANDO LA INMORTALIDAD III
"LA PRINCESA AZTECA"

"SU DISCIPLINA, PACIENCIA Y SU BOXEO FINO Y ESPECTACULAR AYUDÓ A QUE VARIAS MUJERES VOLTEARAN A VER EL BOXEO SIN PREJUICIOS, CURIOSAMENTE CUANDO EL BOX EN LA FRONTERA NO ERA MUY ALENTADOR PARA UNA MUJER."

JACKIE NAVA ESTÁ SOLA EN EL *RING* DEL GIMNASIO REYES, REPITIENDO UNA Y OTRA VEZ GOLPES Y MOVIMIENTOS DE CINTURA. Su rostro melancólico y figura que apenas medía 1.60 metros denota cansancio y aburrimiento ante el entrenamiento austero y repetitivo, sin embargo, trata de que el ambiente se vuelva agradable platicando de música o del cualquier cosa y sonríe.

A pesar de sus 30 años de edad, es una veterana del boxeo y sabe —luego de 26 combates profesionales— que aguantar esta etapa de encierro, además de las dietas, madrugar todos los días para correr y hacer la rutina de boxeo por la tarde, es un sacrificio que debe hacer para aborrecer la derrota.

Está en la etapa final de su intenso entrenamiento rumbo a su contienda 27, donde enfrentará a la colombiana María Andrea Miranda, bueno, eso si no le cambian de rival una semana antes del combate, una casi costumbre en el boxeo femenil.

★ ★ ★

LA VIDA BOXÍSTICA DE JACKIE NAVA SE PARECE A UNA *ROAD MOVIE*, ESOS FILMES CUYA HISTORIA TRANSCURRE DURANTE UN VIAJE Y SU PROTAGONISTA SUFRE UN CAMBIO EN SU VIDA, DEJA DE SER LA PERSONA QUE ALGUNA VEZ FUE POCO ANTES DE QUE CONCLUYA LA PELÍCULA.

Cuando Nava hizo su primera pelea profesional, el 29 de mayo de 2001, no sabía nada de su rival, conocía muy poco de boxeo y ni siquiera estaba segura que quería hacer una segunda contienda.

Miguel Reyes, un excampeón de *kick boxing* de Norteamérica e instructor de este deporte, buscaba a una peleadora en Tijuana para una función de box que un promotor amigo suyo iba a hacer en Honolulú, Hawai.

La encontró en una discípula que entrenaba *kick boxing* en su gimnasio. Nava también estudiaba la licenciatura en Arquitectura. Tenía 21 años, Hawai era el viaje de sus sueños y, como Ana Torroja en aquel clásico de Mecano, se preguntaba

Jackie "la Princesa Azteca" Nava conectó su izquierda plena a la argentina **Alejandra Oliveras** cuando la tijuanense expuso el cinturón supergallo del CMB el 20 de mayo de 2006 en Tijuana; sin embargo, Oliveras se recuperaría y sorpresivamente le arrebataría el título a Nava cuando la noqueó en el octavo *round*.

Uno de los duelos más sorprendentes de la historia del boxeo femenil. **Jackie "la Princesa Azteca" Nava** enfrentó dos veces a su némesis **Ana María Torres,** del Estado de México, en 2011. El resultado fue un empate y una derrota en puntos desfavorable para la tijuanense, aun así las contiendas la convirtieron en una estrella del boxeo.

cuándo podría ir a ese paraíso. Así que aceptó apenas le dijeron el lugar. Ganó en cuatro *rounds*.

Para entonces el boxeo femenil en Estados Unidos tenía una notoriedad insólita. Los medios de comunicación le dedicaban portadas a la contienda que Laila Alí y Jacqui Frazier Lyde tendrían en Nueva York en junio de 2001, pues revivían el antagonismo —incluso las mismas palabras— de sus legendarios padres: Muhammad Alí y Joe Frazier, que antes de que ellas nacieran ya habían hecho la primera de sus tres contiendas históricas.

Por su parte, la boxeadora californiana Mia Rosales St. John aparecía en la portada de *Playboy* por segunda ocasión. Solo con sus guantes y sus peleas subían a las semifinales para ser transmitidas por Pago por Evento a varios países.

En aquel verano de 2001 la mexicana Laura Serrano, quien había emigrado de la ciudad de México a Las Vegas tras la negativa de la comisión de boxeo capitalina para darle una licencia de boxeo a una mujer, hacía la pelea doce de su carrera.

No obstante, sin ser una belleza exótica ni aparecer en portadas de revistas, la nativa del oeste de Virginia, Christy Martin, era la figura del boxeo estadounidense entre más de 200 pugilistas registradas en Norteamérica. Para entonces, Martin ya tenía 46 peleas profesionales desde su debut en 1989, solo dos derrotas —ambas en decisión— y dos empates, uno de ellos contra Laura Serrano.

En Tijuana la situación era muy distinta. La Comisión de Box de esta ciudad solo había otorgado una licencia de boxeador a una mujer: Vianney Casas, quien a falta de oponentes ya había peleado dos veces contra la misma rival: Ofelia Domínguez, y le planteaban nuevamente una tercera batalla contra ella.

Vianney entrenaba en el club Azteca de la colonia Independencia y hacía esparrin solo con boxeadores *amateurs* adolescentes. Dos años después, agotada por los bajos salarios, pero sobre todo de la inactividad por falta de rivales, se retiró. Hizo solo siete combates en tres años.

Jackie "la Princesa Azteca" Nava ganó el cinturón supergallo de la AMB, tras vencer en decisión unánime a **Chantall "la Fiera" Martínez**, el 28 de enero de 2012 en el Auditorio Municipal de Tijuana.

Ese era el panorama cuando debutó Jackie Nava, quien llegaría a ser la primera campeona del CMB y se consolidaría durante una década como una de las mejores peleadoras del mundo en las divisiones gallo y supergallo.

Su disciplina, paciencia y su boxeo fino y espectacular ayudó a que varias mujeres voltearan a ver el boxeo sin prejuicios, curiosamente cuando el box en la frontera no era muy alentador para una mujer.

Pocos meses después aparecieron en Tijuana la primera entrenadora de boxeo profesional en México: Mónica Abedith Rico, y la primera jueza dentro de la Comisión de Box de la ciudad, Monique Rendón. Además de migrar boxeadoras interesantes como Mariana "la *Barbie*" Juárez, quien fuera campeona nacional de peso mosca y monarca interina de la misma división del CMB; y de que por primera vez en Baja California se formara una selección *amateur* de box femenil, conformada principalmente por pugilistas de Tijuana.

"La historia del boxeo femenil es de muchos altibajos y una requiere mucha paciencia y disciplina", me dijo Jackie Nava.

Más que parecer una guerrera o amazona, Nava tiene una apariencia frágil, vulnerable, como esas modelos de mirada melancólica que anuncian productos retro y que parecieran romper en llanto apenas son reprendidas con un grito.

Eso es solo su apariencia, porque cuando suena la campana su condición humana cambia. Se torna agresiva, dueña del *ring*, con una técnica depurada capaz de rivalizar con la mejor escuela de boxeo de cualquier púgil profesional.

Varias veces ha estado a punto de abandonar el boxeo tras cancelaciones de funciones, cambios de fecha o lesiones, para dedicarse de lleno a su carrera de arquitectura y tener hijos con su esposo, el expeleador de *kick boxing*, Mario Alberto Mendoza. Pero cada vez que ha estado a punto de hacerlo surge una nueva oportunidad y abandona la idea.

> **"AHORA QUIERO DEJAR HUELLA, ME INTERESA QUE LAS PRÓXIMAS GENERACIONES DE BOXEADORAS ME RECUERDEN." JACKIE NAVA**

Tenía ese ánimo cuando le ofrecieron una contienda contra la panameña Chantal Martínez el 30 de enero de 2010 por el campeonato interino de peso supergallo del CMB en la ciudad de México. El título absoluto ya lo había ganado en el invierno de 2008, sin embargo en su primera exposición en el Luna Park de Buenos Aires, Argentina, lo perdió en puntos ante la sudamericana Marcela Eliana Acuña.

Nava derrotó a Chantal Martínez y el triunfo le trajo dos defensas para realizarlas entre 2010 y 2011 en Alemania y Argentina.

"No sé cuándo me voy a retirar, desde que tenía 26 decía que dentro de dos o tres años, pero ya ves que todavía sigo en esto. Pero no quiero hacerlo muy tarde, quiero formar una familia, tener un par de hijos, descansar, dormir hasta tarde; porque con el boxeo no lo puedo hacer. ¿Por qué sigo en el boxeo? No es por dinero, los salarios para las mujeres boxeadoras no es ni la mitad de lo que gana un peleador estelar; es más el reconocimiento. En un principio me mantenía en el boxeo porque quería ser campeona nacional y luego tener un título del mundo. Lo gané, lo defendí varias veces, por ahí lo perdí. Pero ahora quiero dejar huella, me interesa que las próximas generaciones de boxeadoras me recuerden, eso es", me dijo Nava, que deja ver sus puños blancos con callos y una leve cicatriz sobre su pómulo izquierdo.

Jackie aprendió el boxeo como arte marcial, me explicó su entrenador Miguel Reyes. Ella peleaba *kick boxing* y lo que le enseñaron una y otra vez fue su defensa, anticiparse a los golpes y a contragolpear. Por eso ejecuta así su boxeo, con un quiebre de cintura asombroso y combinaciones rapidísimas. Es como si cada golpe lo tirara justo en el momento que se requiere. Pero no todo es mecánico, ella siente el boxeo, es su segunda piel.

"La competencia en el boxeo es más dura que cualquier otra disciplina deportiva. Cuando empiezan a pegarte, cuando tienes que prepararte y estar a dieta, no cualquiera lo aguanta, es muy difícil, hay que ser constante en los entrenamientos. Además, nunca hay salarios fijos y sueldos millonarios como el boxeo de hombres, por eso no cualquiera aguanta", me dijo Reyes.

★ ★ ★

LA NOCHE DEL 21 DE AGOSTO DE 2010 EN EL AUDITORIO MUNICIPAL DE TIJUANA, ANTE UNOS 3000 AFICIONADOS, JACKIE NAVA NOQUEÓ EN EL CUARTO *ROUND* A MARÍA ANDREA MIRANDA, LA TERCERA RIVAL QUE LE HABÍAN CAMBIADO DURANTE SUS DOS MESES DE PREPARACIÓN. Su combate era el estelar de la función que se transmitía por televisión abierta en México.

Ya en el camerino el rostro de fatiga de Nava había desaparecido a pesar del esfuerzo que había realizado en la batalla. Familiares y amigos la abrazaban, la felicitaban.

"Ahorita es como un descanso mental, porque toda la presión que hay antes de la pelea ya se terminó", me dijo.

Acompañada de su esposo, entrenador y amigos, solo esa noche celebrarían su triunfo. Otra vez la sombra del retiro se había desvanecido, había planes, otras contiendas ante rivales más interesantes que podrían exigirle la espectacularidad que ella exponía por ráfagas y pretendía que fuera apreciada por la crítica boxística internacional. Se sentía cerca, me dijo, cada vez más cerca de ese gran combate que los púgiles legendarios tienen en algún momento de su vida y que los convierten no solo en otros peleadores sino también en otras personas al final de un viaje largo.

En abril y julio de 2011, Jackie Nava enfrentó a la mexiquense Ana María Torres en un par de combates emotivos y asombrosos que hicieron que incluso detractores del pugilismo femenil voltearan su mirada a los duelos que las convirtieron en estrellas deportivas nacionales; insólitamente el primero de ellos fue transmitido por Televisa y el segundo por TV Azteca.

El 28 de enero de 2012 en el Auditorio Municipal de Tijuana, ante unas 4000 personas, Jackie Nava ganó el campeonato de peso supergallo (122 libras) de la AMB al derrotar por decisión unánime a la panameña Chantal Martínez.

Jackie "la Princesa Azteca" Nava, viste como plebeya durante un entrenamiento público en un centro deportivo de Tijuana.

En 2012 la máxima estrella del boxeo tijuanense activa era **Jackie "la Princesa Azteca" Nava.** Las peleas entre mujeres se habían vuelto populares al grado de que el promotor **Memo Mayén,** presentaría el 25 de octubre de ese año una función de récord Guiness, donde cinco combates serían entre mujeres; además de que en los cargos de réferis, anunciadora, manejadoras, *seconds*, jueces, médico, tomadora de tiempo y recogedora de guantes también serían mujeres.

Mónica Abedith es la primera entrenadora de boxeo de Tijuana. En la foto, durante una sesión de manoplas con uno de sus peleadores en su gimnasio de la colonia Mariano Matamoros, al este de Tijuana, durante el verano de 2012.

OTROS ROSTROS FEMENINOS DEL BOXEO

"LO MÁS DIFÍCIL EN UN PRINCIPIO FUE LUCHAR CONTRA EL MACHISMO. PARA EMPEZAR, LA DISCRIMINACIÓN EN EL GIMNASIO, TENER QUE GANAR EL RESPETO DE LOS MUCHACHOS, PORQUE SI IBAS A ENTRENAR ENTRE PUROS HOMBRES HABLABAN MAL DE LAS MUJERES, PENSABAN QUE UNA IBA A BUSCAR UNA RELACIÓN CON ALGUNO." MARIANA "LA BARBIE" JUÁREZ

MÓNICA ABEDITH

OFICIALMENTE MÓNICA ABEDITH RICO, DE 26 AÑOS, ES LA PRIMERA, Y HASTA EL MOMENTO LA ÚNICA ENTRENADORA DE BOXEO DE MÉXICO.

Desde los siete años quiso ser boxeadora, pero su familia se lo impidió. Esperó la mayoría de edad para cumplir su deseo, sin embargo una taquicardia le frustró el sueño antes de debutar en profesional.

Su padre, el exboxeador Carmen Simón Contreras *Kid Melo*, la había apoyado desde que cumplió los 18 años, la entrenó durante 24 meses para ser boxeadora. La enfermedad la paró en seco, pero no lo suficiente para alejarla del pugilismo.

"Siempre había querido ser boxeadora profesional, pero de niña me inscribían a clases de gimnasia o *jazz*. Después de la taquicardia estaba triste, pero me dije que podía enseñar a otros lo que había aprendido", me dijo. Las clases de baile, sin embargo, le dieron la disciplina que ocuparía para el box y un cuerpo perfecto.

Hace siete años su padre abrió un gimnasio de boxeo en la ruidosa y problemática colonia Mariano Matamoros, al este de la ciudad, y la dejó a cargo del club porque él se iba a trabajar en la construcción en California.

"Al principio me tenían mucha desconfianza cuando hacían torneos *amateurs*; incluso en

Mariana "la Barbie" Juárez celebra tras ganar a la rusa **Anastasia Toktaulova,** el 25 de febrero de 2012, durante la pelea por el título Mundial Mosca del CMB en la Arena México de la capital del país. "La Barbie" Juárez venció a la rusa en el quinto *round*.

Mariana "la Barbie" Juárez, expuso el campeonato interino de peso mosca del CMB ante **Carolina Álvarez,** el 25 de julio de 2009 en la legendaria avenida Revolución de Tijuana. Álvarez fue noqueada en el octavo *round*.

mi propio gimnasio. Llegaban los peleadores y se preguntaban: ¿Qué me vas a enseñar? ¿No hay alguien más? Pero eso me motivó más", me dijo Abedith.

Tener un gimnasio propio y la asesoría de un exboxeador fueron sus primeros pasos como entrenadora, después se dedicó a analizar contiendas grabadas de grandes estrategas como Salvador Sánchez, Julio César Chávez, Alí y Óscar de la Hoya. Leyó técnicas de boxeo, dietas y asuntos médicos básicos que debe saber cualquier entrenador.

La realidad le daría el resto, la experiencia de los torneos y cómo respondían los peleadores a sus indicaciones. Sus pasos como entrenadora apenas comienzan a recorrer el camino, falta aún mucho por aprender.

En julio de 2009 recibió la licencia como entrenadora de boxeo por parte de la Comisión de Box de la ciudad. Actualmente entrena a los púgiles profesionales Edgar Bojórquez, José Antonio Arellano y Sergio Alberto Núñez.

MARIANA "LA BARBIE" JUÁREZ

A MARIANA JUÁREZ LE APODAN "LA *BARBIE",* AUNQUE MÁS QUE UNA MUÑECA DE PLÁSTICO CON OPERACIONES PARA DAR TALLAS PERFECTAS PARECE UNA GITANA DE BELLEZA NATURAL. En el verano de 2009 abandonó la ciudad de México para comenzar una nueva etapa en Tijuana. Acababa de ganar el campeonato interino femenil de peso mosca del CMB y recibió una oferta de la empresa Box Latino, que preside el excampeón mundial Érik "el Terrible" Morales. Parte de su contrato era cambiar su residencia a la frontera y que aceptara a José "Olivaritos" Morales, padre de Érik, como su entrenador en el gimnasio de la zona norte.

Mariana "la Barbie" Juárez, es asistida en su esquina con hielo tras recibir un cabezazo en su pelea contra **Carolina Álvarez,** el 25 de julio de 2009 en Tijuana.

Juárez ya tenía once años como profesional y entre sus logros estaba haber participado en la primera función que se autorizó en el Distrito Federal en 1999, aunque la misma falta de competencia hizo que casi todas las boxeadoras que participaron en esa función emigraran a Estados Unidos en busca de mejores oportunidades.

"Lo más difícil en un principio fue luchar contra el machismo. Para empezar, la discriminación en el gimnasio, tener que ganar el respeto de los muchachos, porque si ibas a entrenar entre puros hombres hablaban mal de las mujeres, pensaban que una iba a buscar una relación con alguno", me dijo.

Era común, me aseguró, que incluso en gimnasios del Distrito Federal muchas veces las ponían a boxear contra hombres y estos les daban unas palizas para que ya no regresaran.

"Pero yo era muy aferrada, ahí estaba al siguiente día para seguir entrenando. Nunca me desanimé, porque desde el principio yo era una muchacha de casa, estudiaba, y entrenaba boxeo solo por amor a este deporte, me gustaba. Yo jugaba futbol rápido en el DF, pero esto era diferente, muy diferente", me dijo Juárez, quien es madre de una niña de tres años.

Juárez tiene un récord de 25 peleas ganadas, cinco derrotas, tres empates y 11 nocauts. En su récord figuran contiendas en China, Corea del Sur, Estados Unidos y México.

El entrenador José "Olivaritos" Morales me dijo que cuando comenzaba Mariana en el pugilismo, le pidió que la entrenara, pero él se negó alegando que no preparaba a mujeres. Once años después está en su gimnasio.

"De lo que me estaba perdiendo. Es una chamaca disciplinada, obediente, muy atenta al aprendizaje, tiene mucha sed de aprender a pesar de que tiene unos años ya en este deporte. Tiene mucho talento", me explicó el entrenador, que le ha corregido algunos detalles de su técnica, principalmente de su forma de parar y de su guardia.

Monique Rendón al lado de **José Sulaimán,** presidente del CMB, y su padre, el también juez de boxeo **Benjamín Rendón.**

MONIQUE RENDÓN

DESDE NIÑA, MONIQUE RENDÓN IBA A LAS FUNCIONES DE BOX QUE SE HACÍAN EN TIJUANA PORQUE ACOMPAÑABA AL TRABAJO A SU PAPÁ, BENJAMÍN RENDÓN, JUEZ DEL CMB Y COMISIONADO DEL PUGILISMO EN TIJUANA.

"Al principio mi mamá me llevaba porque mi papá no podía cuidarme, pero cuando yo estaba un poquito más grande ella ya no quería ir, así que me sentaba con las esposas de otros comisionados", me dijo Monique, de 27 años.

Por su casa desfilaban boxeadores profesionales, réferis, *managers*, promotores y todo tipo de personajes ligados al boxeo; además siempre se hablaba de boxeo y miraban cada fin de semana las contiendas que transmitían por televisión. Por eso a nadie de su familia le extrañó que quisiera convertirse en juez de boxeo.

Comenzó a los 18 años a puntear *rounds* extraoficialmente en torneos *amateurs* que se hacían en la ciudad y de ahí poco a poco brincó al profesional.

"Llegué a entrenar boxeo en mi casa, a pegarle al costal, pero siempre me faltó la disciplina. Yo soy una persona que me gusta estar tranquila y observar, y qué mejor que estar sentada en el mejor asiento de la arena", me dijo.

Monique tiene nueve años como juez de boxeo y ha trabajado en arenas de la ciudad de México, California y Baja California. De lunes a viernes es empleada de una aseguradora estadounidense en San Diego, California, y los fines de semana los dedica al box.

"El boxeo en Tijuana no es un deporte necesariamente machista. Aquí se ha respetado la participación de la mujer en el box. Tijuana se destaca por ello, ahí están Jackie Nava, primera campeona mundial del CMB, y también tenemos a nuestra primera manejadora, Abedith Rico", me dijo.

ROUND 3
BOXEANDO LA VIDA

Dos astros del boxeo chocan: **De la Hoya** y **Chávez.** Y, como es natural, dividen a la afición. El *"Golden Boy"* ganó los dos duelos que sostuvieron. Aquí durante el segundo combate del 18 de septiembre de 1998 en Las Vegas, Nevada ★ pp.132-133 El entrenador **Pedro Morán,** hijo, moja a uno de sus peleadores durante una pelea en Tijuana. Morán ha heredado de su padre el club Morán, otro semillero de grandes pugilistas de la frontera.

LA FÁBRICA DE BOXEADORES EN TIJUANA

135

El campeón de peso superpluma del CMB, **Julio César Chávez,** muestra su alegría luego de derrotar al brasileño **Francisco Tomas da Cruz,** el 18 de abril de 1987 en Nimes, Francia. El gesto se repetiría durante más de 90 contiendas en su carrera.

LA HERENCIA DE JULIO CÉSAR CHÁVEZ

"SU MEJOR MOMENTO EN EL BOXEO LO VIVIÓ ENTRE 1984 Y 1994. UNA DÉCADA FUE EL DEPORTISTA DE MÉXICO, AUN CUANDO ESTABAN TRIUNFANDO TAMBIÉN INTERNACIONALMENTE FERNANDO VALENZUELA Y HUGO SÁNCHEZ. ERA EL MEJOR LIBRA POR LIBRA Y LO COMPARABAN CON LOS MEJORES PÚGILES DE LA HISTORIA."

FUE UNA ENTREVISTA EXTRAÑA, UNA MIRADA FUGAZ Y PENETRANTE DE UNO DE LOS BOXEADORES MÁS IMPORTANTES DE LA HISTORIA Y, POR UNANIMIDAD, EL MEJOR DE MÉXICO.

Había tenido una media docena de entrevistas con Julio César Chávez antes de este encuentro. La última hacía apenas dos días durante una conferencia de prensa que anunciaba la sexta pelea de su hijo mayor, Julio César Chávez Jr.

Sin embargo, yo aún tenía en mi memoria una frase cruda y emotiva que me había dicho cuatro años atrás cuando hablé con él en el aeropuerto internacional de Tijuana.

Iba franqueado entonces de Rómulo Quirarte, quien lo iba a preparar en el Centro Ceremonial Otomí del Estado de México para su contienda contra Kostya Tszyu, y por la amistad que me unía al entrenador, Chávez accedió a platicar. En la sala de espera, y después de pararse de varias mesas —porque según él la gente que estaba también ahí esperando los vuelos *le apostaron* a Óscar de la Hoya cuando peleó contra él—, terminamos platicando dentro del avión.

Entre las palabras que explicaban su plan de pelea y las condiciones como boxeador que le podría presentar Tszyu, se escapó algo: *Tuve muchos excesos, lo tenía todo y a veces no le hallaba sentido a la vida; tener millones, dinero, fama, lujos, todo, eso te lleva a otros excesos y después paga uno. Eso me pasó a mí.*

La vida del ser humano es una paradoja constante, pero a mí no dejaba de sorprender que un hombre tratara de autodestruirse tras haber ganado más de 60 millones de dólares únicamente por pelear, estar siempre rodeado de hermosas mujeres y alcanzar una fama capaz de paralizar al país durante sus combates.

Cuando Chávez abrió la puerta de la habitación 519 del hotel Palacio Azteca para esta entrevista, supe que podía acabar pronto o alargarse según el

humor del peleador, sin importar la promesa que me había hecho de acceder a 30 minutos. Su cara estaba pálida y resaltaba aún más su tono desvaído porque vestía de negro: camisa de manga larga y pantalón sastre.

Nunca imaginé que ese hombre —ya convertido en leyenda— que había contendido hasta entonces contra 106 rivales y que había admirado desde mi niñez como millones de mexicanos, iba a llorar, cantar, reír a carcajadas, maldecir, pasearse por la habitación como una presa enjaulada, quebrar su voz y cubrirse el rostro con una toalla para que yo no viera más su sufrimiento.

Supuse que la entrada al boxeo de paga de su hijo mayor le estaba causando una gran emoción y orgullo, pero también le estaba despertando antiguos demonios que lo hacían ver como un personaje atormentado, un Hamlet que se repetía una y otra vez: *La conciencia nos hace cobardes.*

★ ★ ★

¿Había miedo cada vez que subía a un *ring*? Recuerda cómo eran esos momentos previos a pelear.

No había miedo, había preocupación, quizá temor, si fuera miedo no subiera uno a pelear; simplemente era una preocupación, un temor a perder o a no quedar bien con el público, con la gente que paga por verlo a uno.

Al principio de mi carrera peleaba y me valía gorro si ganaba o perdía; iba empezando mi carrera y no tenía tanta responsabilidad.

Después sí, cuando gané el primer campeonato del mundo (el 13 de septiembre de 1984 en Los Ángeles, California, peso superpluma del Consejo Mundial de Boxeo) pues ahí empecé a sentir un poco el temor de perder.

Con Mario "Azabache" Martínez viene un reconocimiento internacional hacia usted y también las grandes bolsas, ¿cómo se sentía en aquel tiempo?

El excéntrico promotor **Don King** toma los puños de **Meldrick Taylor** y de **Chávez** durante una conferencia de prensa antes del combate que sostuvieron el 17 de septiembre de 1994. A la izquierda, **"Yori Boy" Campas**, quien fue derrotado sorpresivamente en la misma función ante **Félix "Tito" Trinidad**.

Me sentía muy satisfecho, como me siento ahora. Lógicamente sin problemas, contento, porque gracias a Dios me convertía en lo que de niño siempre soñé: ser campeón del mundo y sacar adelante a mi familia, principalmente hacerle una casa a mi mamá.

Me dijo hace dos días que se sentía insatisfecho porque no pudo conseguir un cuarto título mundial y que por "el destino" no se le dieron las cosas, ¿en verdad está a disgusto con su carrera?
No, fue por el destino pero también fue culpa mía, porque yo creo que Frankie Randall y Óscar de la Hoya nunca me hubieran ganado si hubiera sido más responsable conmigo mismo.

Lo que pasa es que me agarraron cuando yo ya no tenía tanta ilusión, no tenía hambre. Los problemas siempre me agobiaron mucho. Entonces, eso fue lo que realmente me hizo bajar el ritmo.

¿Había desgano de usted por el boxeo?
Julio César pide un vaso de agua a un hombre alto vestido de traje sastre que había estado sentado en una silla cerca de la cama. El hombre tiene esa mirada característica de los guardaespaldas, esa que dice: "he estado muchos fines de semana lejos de mi familia por cuidar a mi patrón". El boxeador comienza a cantar: **"[...] Yo tengo celos, tengo celos [...]"**. *Se pone de pie y parece buscar algo, no lo encuentra y vuelve a sentarse.*
Estos problemas siempre estaban en los entrenamientos; no los lograba separar y concentrarme solo en el entrenamiento.

Nunca pude recuperarme, de una u otra forma, de estar lejos de mis hijos. Eso fue para mí algo muy doloroso.

Mis hijos siempre quisieron estar conmigo, la prueba está en que están conmigo, pero la verdad siempre quise que ellos estuvieran con su mamá.

> "DESDE NIÑO LE LLEVABA LA MALETA A MI HERMANO 'EL BORREGO' Y A MI HERMANO RODOLFO; ME GUSTABA VERLOS PELEAR, PERO SENTÍA FEO, HUBO MOMENTOS EN QUE YO ME SALÍA DE LA ARENA PORQUE LA PELEA ESTABA MUY DURA."

A mí de una u otra forma me dolía mucho que estuvieran alejados en ese tiempo por todo lo que se habló, todo lo que se dijo, toda esa cochinada, por una abogada corrupta y mal intencionada; por dinero le lavó el coco a mi señora y ella cayó en la trampa.

¿Todo eso fue más difícil que los rivales que enfrentaba en el *ring*?
Definitivamente, totalmente bien difícil. *Julio César le dice al hombre que lo acompaña que le traiga una toalla con hielos porque le duele mucho la frente.*

Lo que más le desgastaba, ¿eran ese tipo de situaciones? ¿No eran las concentraciones, dietas o los duros entrenamientos?
No, a mí siempre me ha gustado el boxeo; el boxeo es mi vida. Desde niño fui muy deportista, jugaba futbol, béisbol, voleibol, y siempre me fue bien, siempre fui seleccionado.

¿Qué papel tuvieron sus hermanos para que usted se dedicara a este deporte?
Significaron un aliciente para mí, ya que por ellos entré al boxeo. Tanto verlos pelear me entró la cosquillita por pelear, como pasó con mis hijos.

Desde niño le llevaba la maleta a mi hermano "el Borrego" y a mi hermano Rodolfo; me gustaba verlos pelear, pero sentía feo, hubo momentos en que yo me salía de la arena porque la pelea estaba muy dura.

Yo tenía la edad de mis hijos. Era muy duro verlos pelear. Y ahora que veo pelear a mi hijo me pone a llorar, porque no aguanto, me da un sentimiento. *Chávez hunde su cabeza en la toalla con hielos que le dieron y la voz se le corta.*

¿Por qué dejó que su hijo se hiciera boxeador si conoce lo difícil de la profesión?
Porque hay que apoyarlo. Mi hijo desde muy niño me pidió, me decía que él iba a ser boxeador, que él quería; ya ves como son los niños de inquietos.

De repente me pidió que quería pelear profesionalmente. Yo le dije, ¿cómo vas a pelear si no tienes peleas *amateurs*?

Él tenía un año en Riverside (California), cuando lo vi entrenando me sorprendió, vi un cambio totalmente radical... Y fue de repente. Quiso debutar en profesional en Culiacán, donde yo también lo hice profesionalmente. Debutó con mis zapatillas y con un *short* mío y pues...

La voz se le quiebra de nuevo, esconde su rostro y deja escuchar un sollozo.

Su mejor momento en el boxeo lo vivió entre 1984 y 1994. Una década fue el deportista de México, aun cuando estaban triunfando también internacionalmente Fernando Valenzuela y Hugo Sánchez. Era el mejor libra por libra y lo comparaban con los mejores púgiles de la historia.
Nunca fui una personaególatra o presumida, nunca lo he sido, no sé... *(La voz parece escapársele).* **Es difícil decirlo, pero gracias a Dios siempre mantuve los pies en el suelo.**

Desgraciadamente se le acercan a uno mucha gente negativa, aunque también positiva, y lo empiezan a enredar a uno en hechos.

Yo soy amigo de todo el mundo, nunca le voy a negar un autógrafo al más pobre o al más rico.

> "QUISO DEBUTAR EN PROFESIONAL EN CULIACÁN, DONDE YO TAMBIÉN LO HICE PROFESIONALMENTE. DEBUTÓ CON MIS ZAPATILLAS Y CON UN SHORT MÍO."

Usted atraviesa un periodo muy difícil por problemas fiscales en el sexenio del expresidente Ernesto Zedillo.
Pues sí, pero fue por un corrupto. Me decían que yo había recibido 100 000 dólares, que nunca recibí, una devolución que mi contador me pidió y se lo entregó a Hacienda. Pero ese dinero nunca llegó a mis manos, está comprobado, están en los bancos que el señor los metió a su cuenta.

De ahí se agarraron. Me cobraron casi siete millones de dólares por un fraude que no cometí. ¡Méndigo Zedillo!, se ensañaron conmigo. Pero bien que me levantó la mano en Mazatlán cuando era candidato.

¿Cómo sorteaba usted esta situación, por un lado usted representaba a México en el mundo, pero en su país recibía esto?
Se ensañaron conmigo, fue muy duro. El día que vea a Zedillo le voy a escupir en la cara.

Yo nunca he cometido una cosa ilícita. Tengo errores, como todos, pero nunca he robado ni matado.

Actualmente, ¿cómo es su relación con Don King?
No quiero saber nada de Don King, sin embargo, él va a estar inmiscuido en mi pelea de despedida para la transmisión de Sky.

¿Cómo ve a la distancia a Meldrick Taylor?
Ha sido el peleador más duro de toda mi carrera, el más duro y el más bueno de todos con los que he peleado.

¿Y Óscar de la Hoya?
Un peleador que supo aprovechar su momento. Definitivamente no ha sido ni será la pelea más dura de mi carrera.

Supo aprovechar el momento porque, la verdad, nunca me hubiera ganado a mí. La primera vez me ganó porque estaba cortado. La segunda

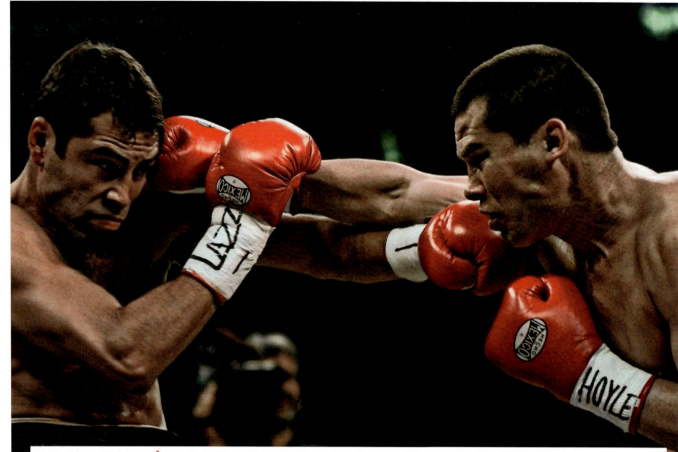

Julio César Chávez y **Óscar de la Hoya,** intercambian golpes durante el Campeonato Mundial de Box de Peso Welter en el Thomas & Mack Center en Las Vegas, el viernes 18 de septiembre de 1998 ★ pp.145 **Julio César Chávez** canta el himno de México antes de entrar en acción en la Plaza Monumental de Toros de la capital del país, el 22 de mayo de 2004. Su contrincante en turno en una gira de despedida era **Frankie Randall.**

la hice en un peso que no era el mío, él me llevaba seis kilos, pero eso no era lo grave; yo ya no tenía alguna ilusión ni ganas de nada pero dije que mientras estuviera en el *ring* le iba a demostrar que era mejor que él y lo hice. Los últimos golpes que me pegó fue después de la campana.

¿Pernell Whitaker?
Un peleador cochino, marrullero, difícil.

¿Y Greg Haugen?
Un peleador hablador, malo, ese sí era taxista. Antes de pelear era taxista, antes de que peleara conmigo lo sacaron de los taxis.

¿Héctor "el Macho" Camacho?
Muy buen peleador, difícil, duro, conmigo se portó muy valiente.

¿Quién fue tu rival más difícil?
La vida.

¿Qué papel han jugado las mujeres en tu vida?
Han sido la desgracia de mi vida.

¿Pero muy necesarias? Para completar la frase.
Sí, mi madre sí.

¿Qué significado tiene en tu carrera, en tu historia, Tijuana?
Ha sido para mí mi tercera ciudad y donde le agradezco mucho a la gente todo lo que me quiere, lo que me han apoyado. Aquí fue mi escaparate para ir a disputar un campeonato del mundo.

Estoy agradecido con Tijuana. Aquí tengo una hija, una hija que quiero con toda mi alma y, por cosas del destino, no entiendo por qué... Me ha deparado a mí tantas cosas...

Julio César hace una pausa prolongada, llora de nuevo, hunde su cabeza en la toalla.
Estar al lado de una mujer, con la que estuve, con la que era la esposa de un gran amigo mío, que quise mucho y que mataron, "el Bebé"

Gallardo, y cómo es posible... Pero yo estaba separado también, él había muerto y se fueron dando las cosas. Nunca hubo una mala intención mía ni nada. Yo casi ni la conocía y se fue dando. Mucha gente se lo tomó a mal, y con justa razón, pero la verdad todo fue increíble, no me explico por qué sucedió así. Nunca hubo un dolo por parte mía, ninguna mala intención. Yo tenía esposa todavía.

Ese día del "accidente" *(Jesús "el Bebé" Gallardo fue asesinado por un comando de sicarios el 9 de abril de 1996 en el hotel Holiday Inn de Toluca, Estado de México. Estaba ahí como parte del equipo de entrenamiento de Chávez)* fue allá cuando él estaba conmigo, yo con mi esposa y él con la suya; él con sus hijos y yo con los míos.

Cuando se dio *(el asesinato)*, yo y mi esposa estábamos peleados, nos íbamos a reconciliar, pero después del "accidente" ya nos separamos. Se fue dando...

Yo hablaba con la señora para saber cómo se sentía, porque a mi amigo lo quería mucho; él me llevaba siempre del gimnasio a la casa de Esteban Virgen... Es algo increíble lo que pasó...

El boxeador otra vez quebranta su voz y luego mueve su cabeza como si negara algo, después me ve, su mirada ahora es humilde, como si yo fuera un juez y buscara el perdón o tal vez como si quisiera buscar en mí el fantasma de Jesús Gallardo. ¿Cómo califica el trabajo de José Sulaimán?

Creo que sin él los boxeadores no hubiéramos hecho lo que hemos hecho. Ha sido un gran apoyo para todos los (púgiles) mexicanos.

¿Se puede definir usted como boxeador y como ser humano?
No lo sé. Eso pregúntaselo a la gente... Gracias a Dios adonde quiera que voy, a cualquier parte del mundo, la gente me demuestra su cariño y su aprecio.

> "ESTOY AGRADECIDO CON TIJUANA. AQUÍ TENGO UNA HIJA, UNA HIJA QUE QUIERO CON TODA MI ALMA Y, POR COSAS DEL DESTINO, NO ENTIENDO POR QUÉ... ME HA DEPARADO A MÍ TANTAS COSAS..."

Solo la gente que me rodea es la gente que no sabe apreciarme ni valuarme. Esa gente es la que más me ha lastimado.

¿Qué le cansó del boxeo?
Tantos chingadazos *(y ríe de manera franca)*. No, la verdad no. Son muchos años, se enfada uno, se cansa el cuerpo.

Chávez se para de su asiento y canta una canción de Ricky Martin: "[...] No es lo mismo / Nos separa un abismo / Vuelve que sin ti la vida se me va [...]".

Julio César Chávez, Jr., ganó el campeonato de peso medio del CMB el 4 de junio de 2011, tras derrotar en decisión dividida al alemán Sebastian Zbik en Los Ángeles, California. Se había mantenido controvertidamente invicto en 45 combates, ninguno de ellos ante rivales de renombre.

Omar Chávez, también del legendario Julio César, hizo una vertiginosa carrera de 28 contiendas entre diciembre de 2006 y septiembre de 2011, incluso ganó el campeonato juvenil de peso *welter* del CMB. Sin embargo, otro hijo de un legendario peleador, Jorge Páez, hijo del "Maromero" Páez, le propinó dos derrotas, la última el 21 de julio de 2012 en Tijuana.

Julio César Chávez, Jr., de 26 años, perdió el campeonato de peso medio del CMB el 15 de septiembre de 2012 en Las Vegas, Nevada, cuando fue derrotado por el argentino Sergio "Maravilla" Martínez en decisión unánime. Para el hijo de la leyenda era su cuarta defensa del título universal y la primera contienda importante de su carrera ante un rival de renombre y calidad, aunque ya de 37 años.

> "TUVE MUCHOS EXCESOS, LO TENÍA TODO Y A VECES NO LE HALLABA SENTIDO A LA VIDA; TENER MILLONES, DINERO, FAMA, LUJOS. TODO, ESO TE LLEVA A OTROS EXCESOS Y DESPUÉS PAGA UNO. ESO ME PASÓ A MÍ."

BOX BOX
AUDITORIO DE TIJUANA

Lunes 19 Julio
8:45 P.M.

PELEA ESTELAR a 10 Rounds

JULIO CESAR CHAVEZ
Mr. K.o. vs
GUSTAVO Salgado

2a. Pelea a 10 Rounds

RAFAEL BORREGO CHAVEZ vs KERNS IBARRA

- 3 peleas mas -

Una pose de **Juan José "Dinamita" Estrada,** el primer campeón mundial nativo de Tijuana.

UN BOXEADOR EXPLOTA
JUAN JOSÉ "DINAMITA" ESTRADA

DETRÁS DE AQUEL HOMBRE ABSTRAÍDO, DE BIGOTE DE MORSA Y HABLAR MOCHO, HABÍA UN NIÑO-ADULTO QUE EN SU TRATO PERSONAL PARECÍA EXPONER LO MEJOR DE ESTOS DOS MUNDOS.

FUI UNA VEINTENA DE VECES A BUSCARLO A LA CASA DONDE ÉL HABÍA VIVIDO DESDE NIÑO, EN LOS MÓDULOS DE OTAY, AL NORESTE DE LA CIUDAD. Ese hogar que le recordaba cada mañana la violencia y la miseria desde que tuvo uso de razón. Pero Juan José "Dinamita" Estrada nunca me recibió.

Todas las veces supe que estaba ahí, porque cuando llamaba por él escuchaba que bajaba el volumen del radio, que parecía escuchar a toda hora con la esperanza de llenar el día con algo.

Ya sabía que lo buscaba para este libro, desde la primera vez que lo visité se lo dije a su hija, que fue avisarle pero regresó y me dijo que su padre dormía a las 12 del día y tal vez su siesta duraría hasta las tres o cuatro de la tarde.

Hace diez años lo entrevisté en una banca de la cafetería de la Universidad Autónoma de Baja California (UABC), donde Estrada trabajaba como conserje desde que hizo su última contienda profesional en mayo de 1994. Esa vez me dijo que el boxeo y la ciudad habían sido un escenario hostil del triste drama de su vida. Maldijo su suerte varias veces durante los minutos que hablamos y lloró al final cuando me preguntó cómo iba a escribir su historia. Quería que su familia, o lo que quedaba de ella, honrara su memoria, que supiera no solo sus excesos y sus derrotas, sino qué lo emocionaba y aliviaba. Algo que siempre me pareció justo para comprender a cualquier ser humano.

Por eso una década después de aquella entrevista quise volver a platicar con él. Sabía que había estado en prisión media docena de veces en ese lapso por vender droga al menudeo: marihuana y metanfetaminas. Su imagen fue expuesta en varios medios locales junto a adjetivos denigrantes. Sabía que era adicto y que por su enfermedad había protagonizado sucesos grotescos que lo habían llevado a dormir en vías públicas y hasta atentar contra su vida. Pero también conocía que fue el primer campeón mundial que se formó en las

> **EL BOXEO LO HABÍA ALEJADO DE LOS DEMONIOS DE SU INFANCIA MÍSERA, LLENA DE VACÍOS Y ABANDONOS. PERO PARADÓJICAMENTE ESTE DEPORTE TAMBIÉN LO HABÍA ACERCADO A LOS EXCESOS.**

escuelas de boxeo de Tijuana y que reinó del 8 de mayo de 1988 al 11 de diciembre de 1989 la división de peso supergallo de la Asociación Mundial de Boxeo (AMB). Supe, por su antiguo entrenador y excompañeros de gimnasio, que detrás de aquel hombre abstraído, de bigote de morsa y hablar mocho, había un niño-adulto que en su trato personal parecía exponer lo mejor de estos dos mundos. Era disciplinado y estaba dispuesto a repetir una y otra vez las rutinas sin poner algún reparo y al final tener un chiste para hacer reír a todos. El boxeo lo había alejado de los demonios de su infancia mísera, llena de vacíos y abandonos. Pero paradójicamente este deporte también lo había acercado a los excesos.

Cuando Juan José Estrada tenía 21 años llevaba ocho peleas profesionales y tenía igual número de nocauts. Por eso Antonio Lozada, quien también era peleador y entrenaba en el mismo gimnasio, lo apodó "Dinamita". Estrada tenía una pegada brutal y un gancho al hígado magnífico. El sobrenombre parecía perfecto para un boxeador de estas características, pero también definía la vida del púgil. Era muy impulsivo y en cualquier momento parecía que podía explotar él y todo lo que estuviera a su alrededor. Su historia cabía en aquella frase del coronel revolucionario del cuento, *¡Diles que no me maten!* de Rulfo: "Es algo difícil crecer sabiendo que la cosa de donde podemos agarrarnos para enraizar está muerta. Con nosotros, eso pasó".

★ ★ ★

EL 7 DE AGOSTO DE 1983, JUAN JOSÉ ESTRADA HIZO SU PRIMERA PELEA EN EL BOXEO DE PAGA EN LA ARENA TIJUANA 72, QUE REGENTEABA IGNACIO HUÍZAR. Tenía 19 años y desde los 13 conocía este oficio, pues como púgil *amateur* había realizado casi cien combates en torneos del sur de California, Sonora y Baja California, mientras renunciaba y se volvía a emplear en distintas fábricas para mantenerse.

Huízar administró desde el principio la carrera de Estrada. Antes de llevarlo a un campeonato mundial, cinco años después de su debut, ya lo había peleado en el Olympic y el Sports Arena de Los Ángeles, California; el Luna Park de Buenos Aires, Argentina, y el Forum de Inglewood, California; además de repetirlo en 30 funciones en Tijuana.

"Mientras no fue campeón del mundo, fue un niño limpio y bueno. 'Dinamita' venía de una cuna demasiado humilde, por eso tenía muchas ganas de sobresalir", me dijo el legendario entrenador Rómulo Quirarte.

En el gimnasio de box de la unidad deportiva Crea, Estrada entrenaba paralelamente con los boxeadores Julio César Chávez, Raúl "el Jíbaro" Pérez, Jesús "el Bebé" Gallardo, Antonio "Cañas" Lozada y Antonio "Tanaka" González, entre otros.

"Había mucha competitividad pero también mucho compañerismo. La vida de todos nosotros era puro boxeo, solo entrenar y trabajar. Nos gustaba mucho esta profesión y no nos importaba siquiera que el gimnasio estuviera muy chico y nos anduviéramos empujando, porque apenas y cabíamos en ese sótano que era el antiguo gimnasio de box del Crea", me dijo Raúl "el Jíbaro" Pérez.

> **"NOS GUSTABA MUCHO ESTA PROFESIÓN Y NO NOS IMPORTABA SIQUIERA QUE EL GIMNASIO ESTUVIERA MUY CHICO Y NOS ANDUVIÉRAMOS EMPUJANDO, PORQUE APENAS Y CABÍAMOS EN ESE SÓTANO QUE ERA EL ANTIGUO GIMNASIO DE BOX DEL CREA."**
> **RAÚL "EL JÍBARO" PÉREZ**

Una imagen del genial **Salvador Sánchez** divide a **Juan José "Dinamita" Estrada** (izquierda) y a **Lucilo Nolasco**, quienes se enfrentaron el 10 de septiembre de 1987 en Los Ángeles, California.

El promotor Ignacio Huízar logró que el entonces campeón de peso supergallo de la AMB, el venezolano Bernardo Piñango, expusiera su cetro ante "Dinamita" Estrada el 28 de mayo de 1988 en la Plaza de Toros de Tijuana.

Piñango era un astro del boxeo internacional que había sido monarca gallo de la AMB y había tenido peleas importantes en Panamá, Johannesburgo (Sudáfrica), San Juan (Puerto Rico) y Los Ángeles (California); además de ganar la medalla de plata como púgil aficionado en los Juegos Olímpicos de Moscú 1980.

"Me costó 115 000 dólares traer a Piñango a Tijuana, que no los recuperé sino hasta las primeras defensas de 'Dinamita'. La promoción de boxeo muchas veces es dinero y relaciones. Conocía a Luis Espada, apoderado de Piñango, y le propuse durante una pelea de Julio César Chávez en Las Vegas que Piñango expusiera en Tijuana. Aceptó. Bernardo cobraría 80 000 dólares. El resto del dinero fue para cubrir los gastos de las sanciones de la Asociación Mundial de Boxeo, los jueces y los traslados", me explicó Huízar.

Estrada había ganado sus dos últimos combates en disputa por el campeonato internacional de peso gallo de la AMB, sin embargo, en ambos había caído a la lona. Tanto al filipino Luisito Espinosa como al mexicano Raúl "el Payo" Valdez les peleó con su estilo agresivo, encarándolos como un tren, y los derrotó en el décimo *round*.

Pero Huízar y Rómulo Quirarte sabían que con ese estilo no tendrían posibilidades ante Piñango. Meses antes de la contienda se reunieron con Juan

> **TANTO AL FILIPINO LUISITO ESPINOSA COMO AL MEXICANO RAÚL "EL PAYO" VALDEZ LES PELEÓ CON SU ESTILO AGRESIVO, ENCARÁNDOLOS COMO UN TREN, Y LOS DERROTÓ EN EL DÉCIMO ROUND.**

De izquierda a derecha: el anunciador **Daniel López, Juan José "Dinamita" Estrada,** el promotor **Ignacio Huízar** y un fanático no identificado en el invierno de 1988. Estrada ya era campeón del mundo.

José y planearon cómo sería la batalla. Por eso más de 12 000 aficionados en El Toreo vieron a otro "Dinamita" el día del combate contra el venezolano. No era el peleador poderoso que se había ganado su mote yendo como un toro a terminar con la faena de su enemigo desde el comienzo de la función. La mayor parte de la batalla se llevó a cabo en el centro del *ring*, ante la indicación de Quirarte que solo lo boxeara, que no se fajara.

Empleando esa táctica, Estrada sacó la pelea, los doce *rounds*, y al final los jueces le dieron 117-113, 115-114 y 115-113 en las tarjetas, decisión unánime.

Alguien lo alzó en hombros, otro le colocó el cinturón de la AMB. En su esquina todos se abrazaban y reían. La ciudad tenía un nuevo héroe del boxeo que demostraba que no habían sido casualidades las coronaciones de Julio César Chávez, en septiembre de 1984, ni de Lupe Aquino, un púgil chihuahuense que residió en Tijuana que había derrotado al estadounidense Duane Thomas en Merignac, Francia, en julio de 1987 para coronarse campeón de peso *superwelter* del Consejo Mundial de Boxeo (CMB), pero que tres meses después cayó en la primera defensa ante el italiano Gianfranco Rosi en Perugia, Italia.

Estrada hizo la primera defensa del título en Osaka, Japón, ante Takuya Muguruma en octubre de 1988. Noqueó en el undécimo episodio otra vez usando su impresionante estilo que comenzaba a crear leyenda. En la primavera de 1989, realizó la segunda defensa en el Forum de Inglewood contra el venezolano Jesús Poll, a quien terminó en diez *rounds*. Luego hizo su reaparición en Tijuana como monarca mundial ese verano ante Luis Enrique Mendoza y ganó por decisión.

Los triunfos, sin embargo, no habían dejado satisfecho a Rómulo Quirarte. Varias personas dentro del boxeo le aseguraron que habían visto en reuniones sociales a su peleador totalmente ebrio o aparentemente drogado, pero el entrenador no les creía. Pensaba que solo eran chismes de personas malintencionadas. Sin embargo, desde el combate contra Muguruma, advirtió que algo sucedía con su pupilo. Ya no aguantaba el ritmo de entrenamiento, los lunes llegaba tarde y con resaca, comenzaba a poner pretextos para no entrenar los fines de semana y su desempeño en los días de esparrin no era el que se esperaba. Al principio creyó que solo era cansancio del boxeo, Estrada tenía más de una década que todos los días se levantaba a las cinco de la mañana y llegaba al gimnasio al filo de las cuatro de la tarde.

La derrota contra el filipino Jesús Salud en la cuarta defensa destapó la olla exprés que era la vida de Juan José.

Salud, que no era un boxeador dotado ni fuera de serie, vapuleó la noche del 11 de diciembre de 1989 al "Dinamita" en el Forum de Inglewood, California. La contienda fue detenida al minuto 48 del noveno *round* porque el púgil tijuanense había bajado sus puños y solo recibía el castigo.

"Cuando perdió me dijo que estaba muy arrepentido por fallarme a mí, no a él. Antes de que se coronara campeón del mundo él había podido rechazar a muchas personas que se le acercaban para ofrecerle cosas: fiestas, alcohol, droga, mujeres. Eran personas que sabían con quien ir, sabían quienes podían pagar drogas caras y todos los vicios que te puedas imaginar. Cuando se vuelve campeón mundial esto ya no lo puede controlar. Tenía cierta disciplina dentro del gimnasio, pero afuera no", me dijo Quirarte.

Hubiera podido volver a coronarse y dejar una historia increíble en el boxeo, pero su carácter arrebatado lo llevó a retirarse un año del profesionalismo, ya tenía muchos problemas personales que no sabía cómo encararlos, me explicó Huízar. Pese a su derrota, era un boxeador en plenitud, acababa de cumplir 26 años y ostentaba 44 contiendas, 36 de ellas victorias, 30 terminadas por nocaut. Además de un memorable estilo explosivo.

Pero "Dinamita" interrumpió su supuesto retiro y reapareció el 7 de abril de 1990 en Las Vegas contra el estadounidense Joe Orewa, quien le ganó en diez *rounds*. Arropado por la decepción, se alejó nueve meses del gimnasio. Para entonces, me dijo Quirarte, ya había sido arrestado y puesto en libertad en diversas ocasiones por problemas relacionados con drogas. Volvió el 27 de febrero de 1991 para un combate contra José Méndez en la ciudad de México y de nuevo cayó, esta vez por puntos. Al terminar la función, anunció a los periodistas de la capital del país su retiro del boxeo. Sin embargo, todavía en mayo de 1994 hizo una última pelea ante Francisco Valdez en Tijuana que terminó noqueado en el cuarto episodio.

Muchas veces Juan José Estrada prometió a la gente que le ayudó a salir de prisión que se rehabilitaría. Cuando platiqué con él, aquella vez en la cafetería de la universidad, ya tenía la costumbre de contar cada día que permanecía sobrio, algo que quizá todos deberíamos hacer para valorar más la vida y quejarnos menos. Pero su futuro era como esa suerte de los toreros en el ruedo esperando a su primer enemigo, deseando triunfar pero también sabiendo que la muerte está ahí dispuesta. Ya con el acoso policial y su tormento interior, ese dragón insaciable dispuesto a volar todo tan solo por una dosis más.

La última vez que fui a su casa fue el 4 de julio, el día de la Independencia de Estados Unidos. Empezaba a oscurecer. En el cielo explotaban fuegos artificiales iluminando parcialmente las fábricas y las casas humildes de los Módulos de Otay, una colonia pegada al cerco metálico que divide a México con el país del norte. Grité: "Juan José". Nadie abrió, únicamente escuché que en el interior alguien bajaba el volumen del radio. Grité esta vez: "Dinamita", y de pronto imaginé una analogía escalofriante. Pensé en el personaje de Conrad en *El agente secreto*, aquel que se inmola con la dinamita que le dio su cuñado, el señor Verloc, para intentar explotar el observatorio astronómico de Greenwich. Los forenses tuvieron que recoger con una pala pedazos de carne y huesos, ramas rotas y hojas desgarradas. Adentro de la casa nadie abrió.

> **SU FUTURO ERA COMO ESA SUERTE DE LOS TOREROS EN EL RUEDO ESPERANDO A SU PRIMER ENEMIGO, DESEANDO TRIUNFAR PERO TAMBIÉN SABIENDO QUE LA MUERTE ESTÁ AHÍ DISPUESTA.**

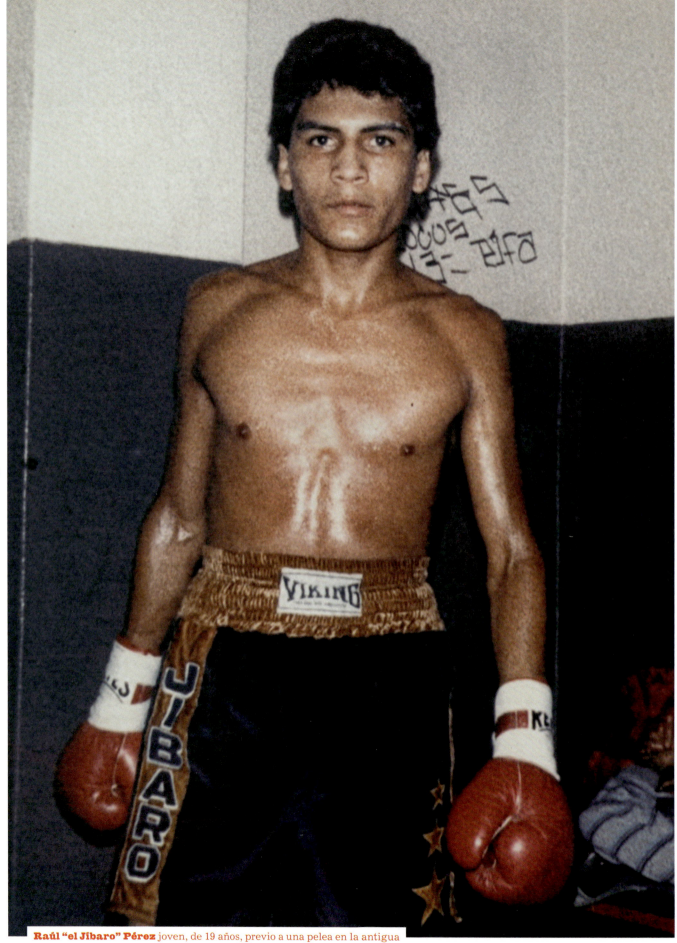

Raúl "el Jíbaro" Pérez joven, de 19 años, previo a una pelea en la antigua Arena Tijuana 72. La ilusión por ser campeón mundial no lo dejaba dormir.

EL MONÓLOGO DEL "JÍBARO"

"DON RÓMULO Y DON PEDRO MORÁN NOS LLEVABAN A PELEAR CADA SEMANA EN UNA PICKUP A ENSENADA, MEXICALI, SAN LUIS RÍO COLORADO O TECATE. ASÍ HICE 106 PELEAS AMATEURS."

LA PRIMERA VEZ QUE ME RETIRÉ DEL BOXEO TENÍA 26 AÑOS Y ACABABA DE PERDER ANTE GENARO "EL CHICANITO" HERNÁNDEZ EN EL FORUM (INGLEWOOD, CALIFORNIA). Yo iba por mi tercer campeonato mundial.

No fue la decepción la que me retiró. Yo estaba en mi mero apogeo físico y no me habían golpeado mucho, pero estaba muy cansado; había comenzado a boxear en *amateur* desde los ocho años y hasta los 17 debuté en profesional… La verdad fueron también algunos excesos que estaba pagando. Caí en las drogas. Era adicto a la cocaína. Caí muy a fondo.

Fui muy disciplinado, mientras no gané el campeonato del mundo. Mi vida fue puro boxeo, muy rutinaria, solo entrenar y trabajar, no tomaba ni iba a fiestas. Me había formado una meta desde que comencé a boxear y no me importaba todo el sacrificio con tal de cumplirla.

En mi niñez no había tenido nada, nada, ni sueños; solo frío y hambre.

Nací en Tijuana. Mi mamá y mis siete hermanos vivíamos en un lugar que se llamó Cartolandia [un área que existió en la zona norte de la ciudad poblada por migrantes recién llegados a la frontera e indigentes. Las viviendas eran precarias, construidas con materiales de desecho y no había servicios públicos]. Mi padre se separó de mi mamá y se llevó a una de mis hermanas a Estados Unidos.

Mi hermano entrenaba boxeo y, un día, cuando iba a debutar en profesional, don Rómulo [Quirarte] habló con mi mamá. Yo estaba ahí, tenía nueve años. Don Rómulo, que imponía mucho, después que habló sobre mi hermano, le preguntó a mi mamá: "¿Y ese niño por qué no lo lleva al gimnasio?". Mi mamá le contestó: "No, este no sirve para eso".

Sin embargo, comencé a acompañar a mi hermano al gimnasio y empecé a entrenar. Luego, por problemas económicos me fui a vivir a casa de don Rómulo, con su familia, sus hijos.

En ese tiempo iba a campeonatos estatales y nacionales. Don Rómulo y don Pedro Morán nos

llevaban a pelear cada semana en una *pickup* a Ensenada, Mexicali, San Luis Río Colorado o Tecate. Así hice 106 peleas *amateurs*.

Tenía 17 años, acababa de llegar de un nacional en Veracruz, donde me habían eliminado en la segunda pelea, cuando llegué con don Rómulo y le dije que ya quería debutar en profesional.

En mi tercera pelea conocimos a Ignacio Huízar, él compró la Arena Tijuana 72 y hacía boxeo cada semana. Yo, si no salía lastimado, peleaba cada mes. Aquellos años fueron de puro entrenar y pelear. Una parte de lo que ganaba se lo daba a mi mamá, me quedaba con algo y lo demás lo metía al banco.

Cuando peleaba a cuatro *rounds* ganaba entre 200 y 300 pesos. En mi primera pelea a diez *rounds* cobré 2500 pesos. Ya cuando fui peleador estrella ganaba entre 5000 y 8000 pesos, que en aquel tiempo eran millones de pesos.

Después de estar cuatro años en profesional, llegó la oportunidad de ir por un título mundial contra Miguel "el *Happy*" Lora en Las Vegas. La estelar en esa función era Julio César Chávez contra José Luis Ramírez. Me pagaron 25 000 dólares como retador con la condición de que firmáramos tres opciones, aun cuando yo no era el primer retador. Era un sueldazo, en mi vida había visto tanto dinero. Yo veía el salario, pero iba con la mentalidad de ganar el título. Y lo gané por decisión unánime.

Hice siete defensas del campeonato [de peso gallo del Consejo Mundial de Boxeo (CMB)] y lo perdí contra Greg Richardson. Luego gané mi segundo título [de peso supergallo de la Asociación Mundial de Boxeo (AMB)], pero lo perdí en la primera defensa ante Wilfredo Vázquez.

> "NO FUERON LOS RIVALES LOS QUE ME DERROTARON. YO HABÍA COMENZADO A DESBALAGARME DESDE QUE FUI CAMPEÓN, PERDÍ EL PISO."

Raúl "el Jíbaro" Pérez separa a su compañero de gimnasio **Juan José "Dinamita" Estrada** (izquierda) y a **Lupe Torres,** quienes pelearían en marzo de 1986.

No fueron los rivales los que me derrotaron. Yo había comenzado a *desbalagarme* desde que fui campeón, perdí el piso, ya no le tenía el mismo amor a mi profesión. No me cuidaba, andaba en fiestas. Desgraciadamente, no sé por qué a los boxeadores siempre nos pasa, hay gente muy negativa que se nos acerca para hacernos un mal y caemos…

Un día desperté en mi casa. Yo ya estaba casado con Nena [hija de Rómulo Quirarte], pero estaba solo. Mi mujer se había ido con mis hijos, me había dejado. Yo ya me había retirado. Mi última pelea había sido en Tokio, Japón, y la había hecho solo por dinero [Luisito Espinoza lo noqueó en el primer *round* el 9 de octubre de 1995; "el Jíbaro" había realizado otra contienda siete meses antes en Miami contra Rafael Merán, pero en el segundo episodio se declaró sin decisión por un golpe ilegal. Ambos combates los hizo pese a que anunció su retiro en junio de 1993, tras caer ante "el Chicanito" Hernández]. Había puesto un negocio y había quebrado, estaba mal. Todo por la droga. Ese día pensé: *O me hundo más en la cocaína hasta morir o vuelvo al boxeo.*

Al día siguiente, sé que fue un jueves de abril de 1997, me presenté en el gimnasio del Crea con don Rómulo, él estaba muy serio, sabía lo que estaba pasando en mi matrimonio pero él nunca se metió en los problemas de pareja. Solo estaba muy serio y se extrañó al verme. Le dije que estaba mal, que necesitaba entrenar para dejar "eso". Movió su cabeza y me dijo: "adelante".

El 8 de octubre de 1998 regresé y en el Auditorio Municipal noqueé a mi rival en el tercer *round*. De ganar 150 000 dólares en la pelea contra "el Chicanito" Hernández, me pagaron esta vez 3000 pesos. En ese momento no me importaba, yo solo quería alejarme de la droga y lo estaba consiguiendo.

De esa forma hice una campaña de peleas con Nacho Huízar [como su representante] ganando entre 2000 y 3000 pesos por pelea, hasta que, en una función que hizo Julio César Chávez en Mexicali, me pagaron

LA FÁBRICA DE BOXEADORES EN TIJUANA

156

Su vida como pugilista, su experiencia como pupilo de **Rómulo Quirarte** y su carácter serio y severo le han ayudado a formar una nueva camada de boxeadores en la ciudad que comienza a despuntar. Muchos de los peleadores que llegan a su gimnasio eran pandilleros que han encontrado en el box disciplina y respeto.

ARENA TIJUANA BOX
LAS PUERTAS SE HABREN A LAS 7:00 P.M
PRIMER PELEA 9:00 P.M.

Lunes 1ro. de Febrero 1988

10 ROUNDS PESO GALLO

LA REVANCHA

"COLORINA" ORTEGA vs "JIBARO" PEREZ

No. 5 C.M.B. No. 3 A.M.B. No. 3 F.I.B.

12 ROUNDS
POR EL CAMPEONATO MOSCA DEL ESTADO

MARTIN "ROJILLO" CARDENAS vs JOSE "GALLITO" QUIRINO

---

10 ROUNDS PESO GALLO

RAMON "CANELO" ARREOLA —VS— **VICTOR "RANITA" ROBLES**
DE TIJUANA 21-1 Mngr. INES TORRES — DE MOCHIS Mngr. ROBERTO VILLA

6 ROUNDS PESO SUPER GALLO

RAMON "BOMBARDERO" FELIX —VS— **JOSE VENEGAS**
DE TIJUANA 5-0 Mngr. R. QUIRIARTE — DE TIJUANA Mngr. CHETO TORRES

6 ROUNDS PESO SUPER MOSCA

ISRAEL VEGA —VS— **JAVIER CADENA**
DE TIJUANA Mngr. INES TORRES — DE TIJUANA Mngr. PEDRO MORAN

4 ROUNDS PESO SUPER GALLO PELEA DE OBSEQUIO

ISRAEL "El Gallero" TORRES —VS— **ALEX ARMENTA**
DE TIJUANA 1-0 Mngr. INES TORRES — DE MOCHIS Mngr. ROBERTO VILLA

El doble exmonarca mundial atiende desde 2008 el club de box **Gaspar "el Indio" Ortega** de la zona norte de Tijuana.

3000 dólares ante un rival fácil. Yo comencé a pensar que no me estaban reportando bien las cuentas.

En el verano del año 2000, Huízar me dijo que tenía una pelea contra un rival que no estaba muy duro; luego me dijo que sería uno de Yucatán y, después, que sería mejor contra Héctor Velázquez, un peleador de Tijuana que conocía bien y que no era un rival fácil. Total, que perdí en el octavo *round*.

Yo ya estaba limpio de la droga y otra vez pensé en el retiro. Huízar me llamó para una pelea contra "el Ranchero" Ramírez, donde me pagaría 3000 dólares. Yo me negué. Todos los días hablaba y aumentaba el salario a 4000, 5000 dólares, así llegó hasta ofrecerme 15 000 dólares. Me negué, pensaba en cómo en todas las demás peleas tuvo ese margen para pagarme y nunca me lo dio.

Me retiré del boxeo y me fui a trabajar en la construcción a San Diego. Después me regresé y Horacio Jiménez [propietario de la Lechería Jersey] me dio empleo, me ayudó. Hoy trabajo como chofer de fábrica, transporto envases de productos lácteos. Comienzo a las seis de la mañana y termino a la una de la tarde. Me da tiempo para llegar al gimnasio a las tres de la tarde y entrenar a los muchachos. Tengo un semillero de chamaquitos que quieren aprender a boxear. Muchos de ellos eran pandilleros o estaban en problemas. Con mi experiencia he podido ayudarlos.

Ya tengo siete años que estoy como entrenador. Empecé con don Rómulo y sus hijos en el Crea y después me vine a este gimnasio en la zona norte [al club Gaspar "el Indio" Ortega].

La experiencia, hasta ahora, ha sido muy buena. El entrenar a boxeadores es de mucha paciencia y uno nunca deja de aprender. Me gusta mucho ir al gimnasio. Tengo mi familia: mi esposa, una hija ya casada, un hijo en la universidad y otro hijo de cuatro años que nos trae en friega todo el día, nos hace la vida más entretenida. Pero me gusta mucho ir al gimnasio. Siento que si no estoy en el boxeo no estoy haciendo nada. El boxeo para mí lo es todo.

Toda la experiencia de una vida de golpes tiene que ser traducida a palabras. **Raúl "el Jíbaro" Pérez** aconseja a uno de sus pupilos de su gimnasio.

ROUND 4
ESCENAS DE BOXEO

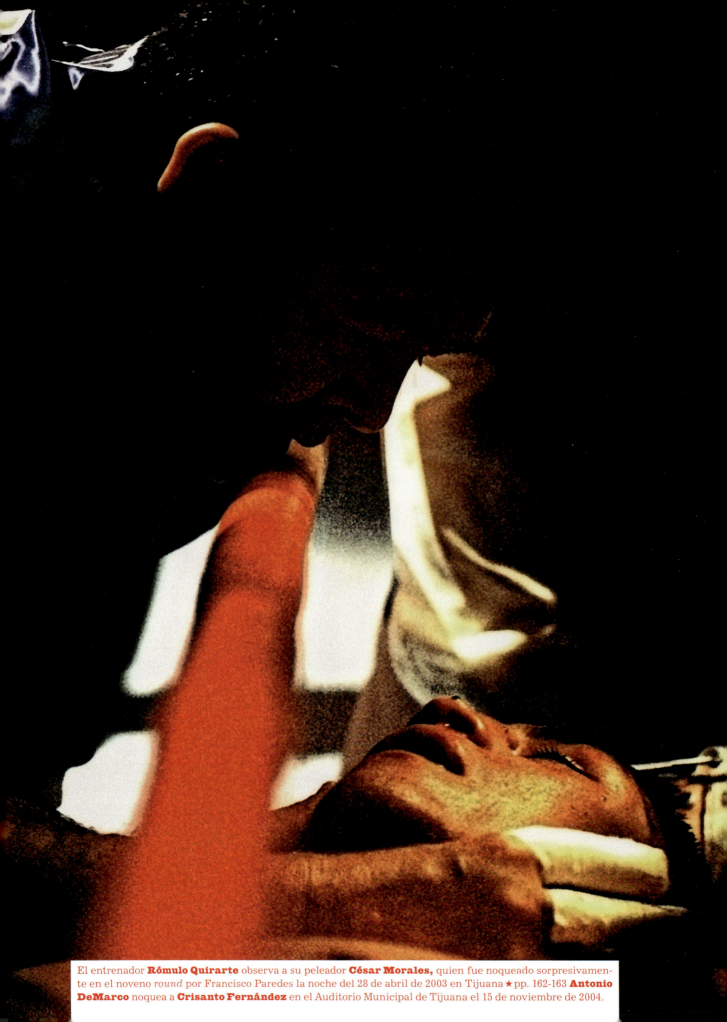

El entrenador **Rómulo Quirarte** observa a su peleador **César Morales,** quien fue noqueado sorpresivamente en el noveno *round* por Francisco Paredes la noche del 28 de abril de 2003 en Tijuana ★ pp. 162-163 **Antonio DeMarco** noquea a **Crisanto Fernández** en el Auditorio Municipal de Tijuana el 15 de noviembre de 2004.

EL ESCENARIO NO SOLO ES UN RING O UNA ARENA PARA CONTAR UN FRAGMENTO DE VIDA DE ALGUNO DE ESTOS BOXEADORES. SI SE REQUIRIERA NOMBRAR, SIMPLEMENTE SE PUEDE SEÑALAR COMO ESCENARIO LA CIUDAD: TIJUANA ★ LOS HECHOS TRANSCURREN EN DISTINTAS ÉPOCAS Y ANTE PÚBLICOS MUY DISPARES; Y COMPRENDEN DESDE ASESINATOS, NOCAUTS DRAMÁTICOS Y TRAMPAS, HASTA BENDICIONES, ESPERANZAS CENTRADAS EN NIÑOS QUE AÚN NO CUMPLEN LOS NUEVE AÑOS Y OTROS SACRIFICIOS ★ EN TODO CASO, SON UN MOSAICO DE ESTA FRONTERA QUE ES HABITADA POR SERES HUMANOS DIFERENTES CUYO MESTIZAJE, LÉXICO Y SINCRETISMO CROMÁTICO SOLO ES ADVERTIDO POR LOS QUE NO SON DE AQUÍ. LUGAR DE PARADOJAS QUE VAN DE UN LADO A OTRO DONDE EL PROGRESO, LA TRADICIÓN Y LAS CERTIDUMBRES JUEGAN EN UN CÍRCULO CON LA CREENCIA DE QUE ESTÁN CAMBIANDO. LAS ESCENAS SE CONFUNDEN COMO LA MEMORIA DE UN ANCIANO, PERO ESTÁN AHÍ, FLOTANDO EN EL AMBIENTE.

El púgil tijuanense **Juan Pablo "Che-Ché" López** durante un entrenamiento en el gimnasio Crea. En julio de 2012 tuvo un revés inesperado ante su paisano **Rafael Cobos.** Ahora el entrenamiento debe ser el doble para sobreponerse.

FIEL A LA COSTUMBRE DE LAS MADRES DE BOXEADORES, CARMEN ZÁRATE PRENDIÓ DESDE EL VIERNES UNA VELADORA CON LA ESTAMPA DE LA VIRGEN MARÍA PARA QUE PROTEJA A SU HIJO JUAN PABLO LÓPEZ, A QUIEN APODAN "CHE-CHÉ".

El rito lo ha repetido en once ocasiones desde el 12 de julio de 2006, un día antes de que su hijo debutara en el boxeo profesional.

"¿Para qué escogiste este deporte?", le pregunta Zárate a su hijo cada vez que va a pelear, porque de los nervios todo el día se la pasa barriendo su hogar y sin poder comer.

En Guadalajara, Jalisco, Juan Pablo López (11-0-11 nocauts) hará su combate número doce.

Aun cuando termine su contienda, la veladora permanecerá encendida tres días más hasta que se termine el pabilo y se apague sola, aseguró el púgil. Pese a que en su casa hay más de 200 veladoras nuevas todos los días.

La casa de la familia López Zárate en el fraccionamiento Soler, al oeste de Tijuana, funciona desde hace 32 años también como taller de veladoras con figuras de santos que fieles compran para pedir milagros.

El padre del "Che-Ché", Arturo López, de 48 años, fue pelotari profesional en el antiguo frontón Jai Alai por casi dos décadas.

Pero su empleo como conserje de la Catedral de Guadalupe y hacedor de veladoras con imágenes clericales es lo que mantiene ahora a la familia.

Desde los ocho años de edad, Juan Pablo ayuda a su padre en el taller de veladoras. Quiso ser pelotari profesional, sin embargo, le tocó el cierre de las temporadas de frontón.

Su consuelo fue hacer su primera pelea en el Jai Alai 22 años después de que su padre también debutara como pelotari en ese lugar.

Entró al boxeo por curiosidad a los 15 años, uno de sus tres hermanos entrenaba; después se fue convirtiendo en una segunda piel. Ya no le importó los dolores de los golpes, madrugar todos los días para correr, hacer su rutina repetitiva y austera en el gimnasio, no desvelarse, cumplir con una dieta para mantenerse por debajo de las 140 libras. Es decir, dejar de ser joven.

EL "CHE-CHÉ" PENDE DE LA RESISTENCIA DEL PABILO. SU SUERTE ENTREGADA A LA VIRGEN.

"Entré al boxeo porque me gusta, porque quiero sacar adelante a mi familia y ser campeón del mundo", dijo.

Todavía es muy pronto para saber si Juan Pablo López, de 21 años, llegará a ser monarca de un título universal. Once peleas todavía son relativas. En su caso hablan de un joven con gran pegada, fuerte y de buena estatura (1.75) para la división superligero. Juan Pablo además es paciente, una condición muy valiosa en el boxeo y que parece heredar del oficio de hacedor de veladoras.

Todos los días él y su padre hacen 150 veladoras en su taller. Pero en diciembre llegan a fabricar hasta 3500 veladoras para el día de las Lupitas.

"Lo de boxeador me vino por mi tío Alfonso López, hermano de mi papá. Él fue muy buen peleador *amateur*, pero mi abuela nunca quiso que fuera profesional. En mi casa siempre que estaba se hablaba de boxeo, de ahí me vino la afición", dijo el "Che-Ché".

Arturo López no quiso que su hijo frustrara su anhelo como le pasó a su hermano y lo apoyó desde el inicio de su carrera.

"A mí me gustaba que estuviera en el deporte y siempre lo alenté para que se hiciera profesional. La que no quería era mi mujer, pero ahora va a todas las funciones", dijo el padre del púgil.

Todos los vasos largos de las veladoras son reciclados, los compran en las iglesias y en el taller los llenan de cera y pabilo.

Ellos venden a siete pesos la veladora a los comerciantes ambulantes que están en la Catedral de la calle Segunda del distrito Centro. A su vez estos los revenden a 11 pesos al público.

La veladora blanca, que tiene la imagen de la Virgen María, en casa de los López Zárate ha perdido alrededor de un cuarto de su cera. La mecha parpadea. El "Che-Ché" pende de la resistencia del pabilo. Su suerte entregada a la Virgen.

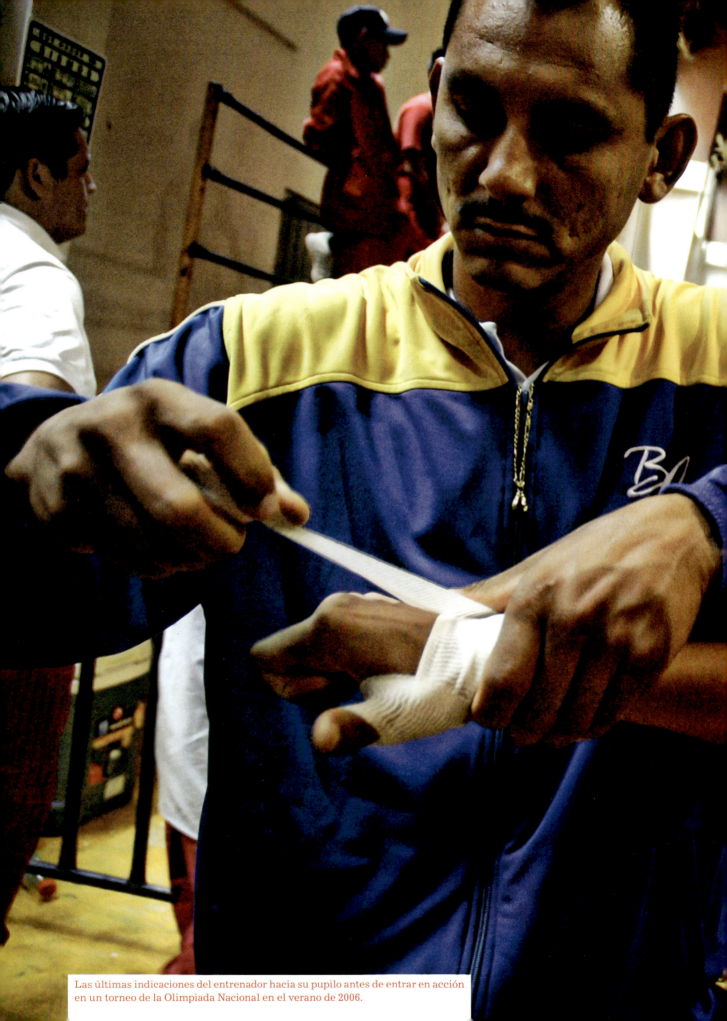

Las últimas indicaciones del entrenador hacia su pupilo antes de entrar en acción en un torneo de la Olimpiada Nacional en el verano de 2006.

El púgil *amateur* **Gilberto Almendra** se prepara rumbo a su primera pelea en el nacional.

El boxeo *amateur* permite que decenas de púgiles adquieran experiencia a través de torneos regionales, nacionales y selectivos a Juegos Olímpicos. En la foto, un grupo de boxeadores aficionados se divierte, espera y pelea durante la Olimpiada Nacional celebrada en Apizaco, Tlaxcala.

✦ ✦ ✦

A LOS TRES AÑOS GILBERTO ALMENDRA SE QUEDABA DORMIDO EN EL GIMNASIO DE BOX DEL CREA, MIENTRAS SU PADRE ENTRENABA. Así que cuando cumplió diez años a nadie de su familia le extrañó que por encima del futbol, el deporte más popular en México, decidiera practicar box *amateur*.

"Desde chico mi papá me ponía sus manos como manoplas para que yo le pegara. Crecí viendo box", dijo Almendra, de 15 años, quien fue en 2006 campeón nacional infantil en 48 kilogramos.

Su compañero de gimnasio, José de Jesús Santillán, de 16, también empezó siendo un niño en el boxeo, pero él lo hizo para defenderse de otros estudiantes que lo molestaban.

"Cuando iba a entrar a la secundaria quise aprender a boxear porque no quería que me siguieran pegando. Desde entonces nadie lo ha hecho", dijo Santillán, que estudia la preparatoria y los domingos trabaja en la Cruz Roja como practicante de técnico radiólogo.

Al este de Tijuana, en la central de abastos La Mesa, Humberto Galindo Luviano, de ocho años, y su hermano Eduardo, de 13, entrenan box en el club Ulloa desde hace 14 meses.

Sus padres Valdemar Galindo Sandoval, un comerciante de 38 años, y María Teresa Luviano Vidales, un ama de casa de 36, ambos nativos de Michoacán, aseguraron que fue su hijo más pequeño quien los convenció para que lo inscribieran a una escuela de boxeo.

> **AL ESTE DE TIJUANA, EN LA CENTRAL DE ABASTOS LA MESA, HUMBERTO GALINDO LUVIANO, DE OCHO AÑOS, Y SU HERMANO EDUARDO, DE 13, ENTRENAN BOX EN EL CLUB ULLOA DESDE HACE 14 MESES.**

Las peleas *amateurs* son para un púgil el equivalente a una escuela elemental para un profesional. También le sirven para conocer si quiere dedicar su juventud a este oficio.

Un triunfo en *amateur* que significa solo un paso más para acercarse al boxeo profesional.

"Humberto era muy hiperactivo, inclusive lo habíamos mandado con un psicólogo porque varias veces me lo habían suspendido de la escuela; pero cambió desde que lo comenzamos a traer aquí, se volvió muy disciplinado y también ayudó a su hermano, porque estaba gordito y ahorita ha bajado mucho de peso", dijo María Teresa.

Los guantes y la careta le quedan aún muy grandes a Humberto Galindo, a quien el personal del club le ha apodado "Mijaritos" por su gran parecido físico con Cristian Mijares, el excampeón supermosca del Consejo Mundial de Boxeo (CMB). Cuando se le pregunta por qué se decidió por el box en vez de futbol, básquetbol o béisbol, sonríe y responde como todo gran niño: "porque sí".

Entre más de 50 jóvenes que practican boxeo durante las tardes en el club Morán del Auditorio Municipal de Tijuana, llaman la atención Bryan Yair López Mejía, de siete años, y Adolfo Huerta Sánchez, de 12. Contrastan sus estaturas con el resto y sus miradas curiosas como si todo fuera visto por primera vez.

El padre de Bryan, Jesús López Fernández, de 26 años, no le importa cerrar dos horas antes su negocio de accesorios de automóviles con tal de llevar a su hijo a entrenar.

"Yo entrenaba box también aquí y quiero que mi hijo también lleve esa disciplina; sí estoy sacrificando un poco mi negocio, pero creo que vale la pena", señaló.

Bryan aseguró que estaba muy contento entrenando box, aunque también se sentía así jugando futbol.

> **LOS GUANTES Y LA CARETA LE QUEDAN AÚN MUY GRANDES A HUMBERTO GALINDO, A QUIEN EL PERSONAL DEL CLUB LE HA APODADO "MIJARITOS" POR SU GRAN PARECIDO FÍSICO CON CRISTIAN MIJARES.**

Esperando a Godot. Un grupo de peleadores *amateurs* espera su turno para pelear en un torneo nacional de Tlaxcala en el verano de 2005.

Además de boxeador, **Luis Antonio Arceo** es artesano. Con sus manos fabrica pequeñas figuras de boxeadores en madera que vende en exposiciones.

Adolfo Huerta Sánchez entrena box desde hace siete meses y comparte el gusto del boxeo con el karate y el ajedrez. Su madre Karla Sánchez y su padre Adolfo Huerta, un expromotor de lucha libre, se turnan para llevarlo al gimnasio.

"Él ya traía una disciplina, por decirlo así, del karate; pero he notado que el box lo ha vuelto más responsable con todas sus cosas y creo que esto le gusta más. En casa siempre se la pasa repitiendo *fu, fu*, el sonido que hacen los guantes", dijo Karla Sánchez. Adolfo coincidió con su madre.

De lunes a viernes Reyna Vidal Ángel, de 31 años, maneja 40 minutos en automóvil para llevar a sus dos hijos al club Ray Solís, un gimnasio ubicado en El Mirador, al norte de la ciudad. Esa rutina la ha realizado en los últimos cuatro años.

Carlos Emmanuel, de 12, y Jesús Alejandro Mejía Vidal, de 14, aseguraron que sin duda esas son las mejores horas de sus días, pese al esfuerzo y el cansancio del ejercicio.

"A mi hermano y a mí nos gusta mucho venir. En mi caso desde que estoy entrenando ya no me peleo tanto en la escuela; antes sí, creo que me ha ayudado a calmarme", dijo Carlos Emmanuel.

YO VEÍA AL BOXEO COMO UNA SALIDA PARA BAJAR DE PESO. Además era el *barquito* de mi barrio, porque era güero. Por eso comencé a boxear, tenía 12 años.

A los 17 años llegué al Comité Olímpico, después de quedar subcampeón en la selección nacional de boxeo. En Aguascalientes era carpintero, tallaba madera, tenía mi sueldo, mi noviecita, algo fijo. La pensé mucho para ingresar al Comité Olímpico. Estuve cuatro años en selección nacional, conocí nueve países, fui tres años campeón nacional y en una pelea se perdió todo. Me ganó Francisco Bojado en una eliminatoria interna.

Don Pedro Morán anima a su peleador **Luis Antonio "el Vampiro" Arceo,** durante un entrenamiento en el club Morán en el verano de 2012.

A mí esa derrota me afectó mucho emocionalmente, pensé en retirarme. Yo tenía cuatro años trabajando para ir a la Olimpiada de Sydney 2000.

Desde que llegó Bojado, las cosas cambiaron mucho, me comenzaron a hacer a un lado, había mucha política e interés porque él fuera. Antes de la pelea contra Bojado hubo un viaje a Europa que no me invitaron a pesar de que yo era el campeón nacional, me dijeron que iría Bojado porque lo querían foguear, eso fue antes de que peleáramos la eliminatoria interna.

Después de que perdí la titularidad del peso pluma, me quedé un tiempo en el comité, me vine para abajo emocionalmente, fui incluso con un psicólogo, que me explicó que el mundo no se acababa ahí, que no todo era Sydney.

En una función de Aguascalientes le dije a don Pedro Morán —a quien ya conocía porque él tenía un peleador en la selección, Liborio Romero— si me podía echar la mano para hacerme profesional. Al mes ya estaba en la casa del entrenador en Tijuana viviendo con su familia. En septiembre de 2000 hice mi primera pelea.

La política dentro del boxeo profesional no es muy distinta. Sé que muchos campeonatos se deciden a puerta cerrada entre los promotores y los organismos que regulan los títulos. Pero yo sigo en el boxeo porque confío en Dios, sé que él es justo y algún día me hará justicia. No me puedo rendir porque ya tengo un récord y le he pegado a muchos buenos peleadores. Sé que al rato va a llegar la mía. Diario entreno con la mentalidad de noquear al rival porque es la única forma de cambiar los planes que los promotores hacen en las oficinas.

No he dejado mi trabajo de tallador de madera, en mi casa tengo un taller, hago piezas de figuras de boxeadores.

Luis Antonio "el Vampiro" Arceo, de 31 años, nativo de Aguascalientes. Ha realizado 34 contiendas. Lleva 22 victorias, diez derrotas, dos empates y 15 nocauts.

LA FÁBRICA DE BOXEADORES EN TIJUANA

BOXING

LUNES 23 DE NOV. 8:45 P.M.
AUDITORIO DE TIJUANA

5 PELEAS A 10 ROUNDS 5

ABDUL **BEY** VS Jose Luis **SOTO**
U.S.A. Mexico

JUAN Mexico **ESCOBAR** VS KALVIN U.S.A. **LAMPKIN**

RUBEN Tijuana **SOLORIO** VS Fco. "Trompo" G. Jal. **MARQUEZ**

ANTONIO **LEYVA** VS GUMARO **MARTINEZ**

A D **ZAPANTA** VS BONNIE **VALENZUELA**

Uno de los grandes ídolos del boxeo tijuanense, **Felipe Urquiza,** ante **Ramón Avitia.** La pelea se celebró el 10 de febrero de 1986 en el Auditorio Municipal de Tijuana. Urquiza resultó ganador por puntos.

★ ★ ★

ME OFRECIERON UNA PELEA PARA FELIPE URQUIZA CONTRA ABDUL BEY PARA EL 13 DE JULIO DE 1981 EN EL AUDITORIO MUNICIPAL. Acepté. Esa pelea era chueca. Yo no la quería hacer pero supe que Ángel Gutiérrez, que apoderaba a Abdul Bey, la condicionó para que este perdiera.

Urquiza ya era un ídolo aquí, llenaba el Auditorio cada que se presentaba, tenía mucho cartel. Era un tipo bien parecido y tenía mucho carisma. Pero también Bey era conocido en Tijuana; a mediados de los setenta le había ganado a muchos mexicanos, menos a José Luis Ramírez, quien le ganó por decisión, pero había noqueado dos veces a Juan Escobar, a José Torres, a José Hernández y a muchos otros. Abdul era un boxeador irregular, drogadicto, vago y le había manchado el récord a muchos peleadores.

Cuando llegó el día de la pelea, salimos al *ring*, nos fuimos a nuestra esquina. Yo estaba todavía preparando a Urquiza cuando subió Adbul Bey y escuché cómo la gente le aplaudió, cada que se movía lo ovacionaban, se escuchaban los "Oooo" del público. Él se pavoneaba. Entonces supe en ese momento que Abdul Bey iba a salir a noquear, que no dejaría que le ganaran la pelea, supe que nosotros íbamos a perder. Y dicho y hecho, en el segundo *round* noqueó a Urquiza.

Después de esa pelea supe que lo secuestraron, Abdul Bey estaba hospedado en el hotel que está frente al Auditorio Municipal. Lo golpearon porque no perdió. En ningún medio de comunicación salió esto. La empresa que hizo la función era de Ángel Gutiérrez. Meses después Bey regresó a Tijuana para pelear.

Ricardo "Cheto" Torres, 60 años, *manager* de boxeo y quien entrenó a Felipe Urquiza para esa pelea.

Felipe Urquiza casi sale del *ring* en su pelea contra **Lalo Domínguez.**

8:45 P.M.

BOX
NACIONAL WELT
AUDITORIO DE TIJ

"BE
GUTI
vs
VA

ABDUL
BEY vs

RETADOR 3 PELEAS MA

DE
MPEONATO
A 12 ROUNDS
LUNES 17 DE MAYO

2M

"LO"
RREZ
PE
CA
JOSE LUIS
ASTILLO

BETILLO

CAMPEON

* * *

LA MAÑANA DEL 25 DE MAYO DE 1993 UN COMANDO DE SICARIOS ASESINÓ AL TIJUANENSE ÁNGEL GUTIÉRREZ CUANDO CONDUCÍA UN AUTOMÓVIL EN LA AVENIDA KUKULCÁN DE CANCÚN, QUINTANA ROO.

Gutiérrez había sido peleador profesional de *kick boxing*, promotor de boxeo y apoderado de Julio César Chávez entre 1986 y 1988.

Había tomado a Chávez cuando este ya era monarca universal y había realizado siete defensas del título superpluma del CMB. Lo separó de Ramón "el Zurdo" Félix, quien lo había debutado en profesional, y de Rómulo Quirarte, para llevarlo a la ciudad de México y a Sinaloa a que lo entrenara Cristóbal Rosas, quien había sido *manager* de Salvador Sánchez y Chucho Castillo.

Según la Procuraduría General de la República (PGR), Ángel Gutiérrez contrabandeaba droga para el cártel Arellano Félix, sin embargo, un conflicto interno con los líderes de esta agrupación criminal hizo que se separara de ellos. Ya había sido arrestado y puesto en libertad por tráfico de estupefacientes hacia Estados Unidos. Las autoridades señalaron que el cártel de Tijuana ordenó su muerte cuando el promotor abandonó la organización para aliarse con Ismael "el Mayo" Zambada, del cártel de Juárez.

* * *

CUANDO SALÍA DEL BAÑO DEL RESTAURANTE DEL HOTEL HOLIDAY INN DE TOLUCA, ESTADO DE MÉXICO, FUE ASESINADO EL BOXEADOR JESÚS "EL BEBÉ" GALLARDO POR UN GATILLERO LA TARDE DEL 9 DE ABRIL DE 1996.

El púgil era parte del equipo técnico de Julio César Chávez, quien esa tarde también se encontraba en el hotel. Gallardo había sido contratado como esparrin para la contienda que tendría el sonorense el 7 de junio en Las Vegas, Nevada, donde expondría el campeonato superligero del CMB ante Óscar de la Hoya.

* * *

ARTURO BADILLO NUCAMENDI, A QUIEN APODAN "EL FUERTE", DE 20 AÑOS, TIENE DOS OLORES PARA SINTETIZAR SU VIDA: LA MADERA Y EL GIMNASIO DE BOX.

El primero se asocia al taller de carpintería de la calle Mochicahui de la colonia Murúa, al este de la ciudad. Es el olor también de su familia y los valores que ahí ha aprendido. El segundo aroma lo relaciona con su futuro, al sueño constante de convertirse algún día en campeón mundial.

"Yo lo dejé que entrara al boxeo porque quería que él eligiera lo que más les gustaba. No sé mucho de box, pero yo lo voy a seguir respaldando", me dijo Eduardo Badillo Martínez, de 45 años, padre de Arturo, un nativo de Veracruz que hace dos décadas llegó a Tijuana.

Los entrenadores de boxeo aseguran que una de las primeras condiciones que debe tener un boxeador es la paciencia; "el Fuerte" es paciente, tanto que no le importó esperar un año para debutar en profesional.

Su entrenador, Luis Román Oláis, le dijo que estaba listo para entrar en el boxeo de paga a principios de 2006 luego de dos años de pugilista *amateur*; pero ese año las funciones de box en Tijuana estuvieron en crisis y los promotores hicieron muy pocas peleas.

Así que Badillo Nucamendi tuvo que esperar hasta el 24 de marzo de 2007 para hacer su primera pelea profesional en la división gallo (118 libras). La función fue en Guasave y terminó noqueando a Adán García.

"Llegó al gimnasio sin saber nada de box. Comencé a enseñarle cómo pararse y caminar sobre el *ring*. No le veía nada como boxeador, solo fortaleza, por eso le comenzamos a decir "el Fuerte"; era muy torpe para pelear. Sin embargo, tiene una cualidad muy grande: es muy disciplinado. Él se aferró al boxeo y estoy seguro de que si no llega a ser campeón no será por falta de ganas", dijo el entrenador Oláis en el club Ulloa, un gimnasio de boxeo

> **LOS ENTRENADORES DE BOXEO ASEGURAN QUE UNA DE LAS PRIMERAS CONDICIONES QUE DEBE TENER UN BOXEADOR ES LA PACIENCIA.**

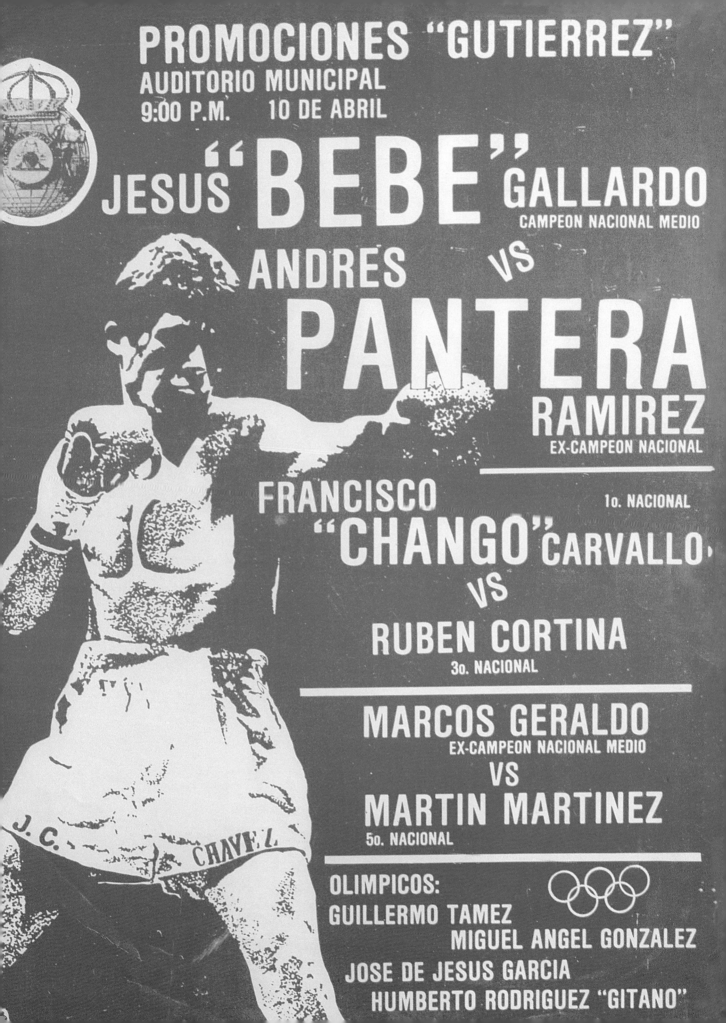

Ramón "el Gato" Félix, quien años después debutara a Julio César Chávez como profesional, en clásica pose de boxeo.

> "ASÍ TE VAS CRIANDO, TE PELEAS MUCHO, SI TE SACAN SANGRE NO TIENE IMPORTANCIA. TE CRÍAS EN UN AMBIENTE AGRESIVO Y TE HACES ASÍ, HASTA QUE ALGUIEN DE MUESTRA OTRO TIPO DE VIDA." RÓMULO QUIRARTE

situado en el interior de la central de Abastos en el distrito La Mesa.

Aún es muy pronto para pronosticar una gran carrera; en esta etapa muchos jóvenes se desaniman cuando no tienen peleas cercanas o se caen algunos compromisos, algunos pierden su primera pelea y se retiran meses del gimnasio.

Lo que sí es una certeza es la integridad de Badillo Nucamendi: su padre en el taller de carpintería le enseñó el oficio que también fue de su abuelo a la par que le inculcaba valores a través del trabajo diario.

"Todos los días me levanto temprano para correr y después trabajo hasta las dos de la tarde en el taller con mi papá; a esa hora me voy al gimnasio para entrenar. Es una rutina, pero me gusta, porque quiero seguir adelante y destacar como boxeador", dijo.

★ ★ ★

COMENCÉ EN EL BOX DESDE QUE TENÍA DIEZ AÑOS. MI PAPÁ TIENE COMO ENTRENADOR DESDE 1984, UN AÑO ANTES DE QUE YO NACIERA. Mi papá fue el que debutó a Manuel "Mantecas" Medina y lo llevó al campeonato intercontinental.

Debuté siendo ya mayor de edad porque mi mamá no quería que fuera boxeador. Estoy estudiando Administración de Empresas en la Universidad Autónoma de Baja California (UABC). Todos los días me levanto a las cinco de la mañana a correr, luego voy a la escuela. Es pesado pero me gusta mucho lo que hago.

Hice mi primera pelea profesional con Box Latino, la empresa de Érik "el Terrible" Morales. Todo estuvo bien el primer año, hice nueve peleas, pero después se comenzaron a meter terceras personas y yo ya no tenía contacto con Érik, se perdió la comunicación. Yo estaba estresado porque no sabía con quién iba pelear, cuándo me iba a ir o en dónde iba a pelear. Por eso me fui de ahí, nunca hubo un contrato escrito, todo fue verbal.

Ahora tengo ocho meses sin pelear, pero ya estoy en otra empresa, Baja Boxing, que es de Antonio "Cañas" Lozada, y ya me estoy preparando para mi próxima pelea. A ver cómo me irá.

Julio César Félix, 24 años, nació en Tijuana. Es hijo del entrenador "el Gato" Félix.

★ ★ ★

UNA EXPERIENCIA QUE ME DOLIÓ MUCHO Y QUE CASI ME ALEJÓ DEL BOXEO SE LLAMA: RICARDO "CHAPO" VARGAS.

Lo recogí prácticamente a los siete años de la calle, vendía periódicos, y me lo llevé al gimnasio. Sus padres estaban separados, tenía muchos problemas de todo tipo.

Se me figuraba que era yo, cuando yo tenía la edad de él, que no le tenía miedo a ningún chamaco, que me pegaban y no me doblegaba. La vida te enseña que es dura y así te vas criando, te peleas mucho, si te sacan sangre no tiene importancia. Te crías en un ambiente agresivo y te haces así, hasta que alguien te muestra otro tipo de vida.

Lo metí al gimnasio, lo entrené junto con su hermano Rafael Vargas. Cuando tenía dos meses en el gimnasio lo metí a la primaria. Lo convertí en un niño prodigio del boxeo.

El "Chapo" tenía una técnica fuera de lo común, la técnica que yo transmitía se la empapó mejor de lo que nadie la había captado.

Cuando iba a entrar a la secundaria pasó un incidente familiar. Una hija tenía una falda gastada y le hacía falta más ropa y sin embargo yo le había comprado dos uniformes al "Chapo", todos los libros completos; mi familia me reclamó con justificada razón, eso me causó muchos problemas con mis demás hijos. Yo lo seguí apoyando en lo que

El boxeador más fino que ha dado Tijuana, **Ricardo "Chapo" Vargas.** En la imagen, Vargas conecta un derechazo al capitalino **Rafael Márquez** durante su contienda por el campeonato gallo de la FIB el 28 de mayo de 2005 en Los Ángeles, California. El golpe, sin embargo, no le alcanzó para ganar. Márquez fue declarado vencedor por decisión unánime.

pude. Cuando estaba a punto de terminar la preparatoria lo debutamos en profesional y poco después también hicimos que ingresara a la universidad. Todo eso salió de mi bolsa.

Desde su primera pelea mostró un boxeo vistoso que le gustó a la gente. Se coronó campeón nacional, hizo cinco defensas. Nacho Huízar lo clasificó y le trajo al campeón mundial, el colombiano Jorge Eliecer, a Tijuana y "Chapo" perdió por decisión dividida. Después de eso pasan tres peleas y un día llegó a mi casa y me dijo que ya no quería estar conmigo. Le pregunté cuál era el problema, qué había hecho mal para poder corregirlo con otros peleadores.

Me dijo que se iba porque ya había peleado por el campeonato del mundo y aún no tenía dinero. Yo le dije que fue porque no ganó; le dije que no se fuera, que si quería dejáramos a Huízar y buscáramos otro promotor. Pero cuando "Chapo" llegó a mi casa ya había hablado él con Guillermo Mayén y había firmado un contrato y lo había mandado con Pedro Morán. Sentí como si me hubieran dado una puñalada. Se fue, nunca le deseé ningún mal, solo le dije: "Que Dios te bendiga", pero me dolió mucho, mucho, era parte de mi familia.

Rómulo Quirarte, 64 años, entrenador de boxeo.

> "SE ME FIGURABA QUE ERA YO, CUANDO YO TENÍA LA EDAD DE ÉL, QUE NO LE TENÍA MIEDO A NINGÚN CHAMACO, QUE ME PEGABAN Y NO ME DOBLEGABA." RÓMULO QUIRARTE

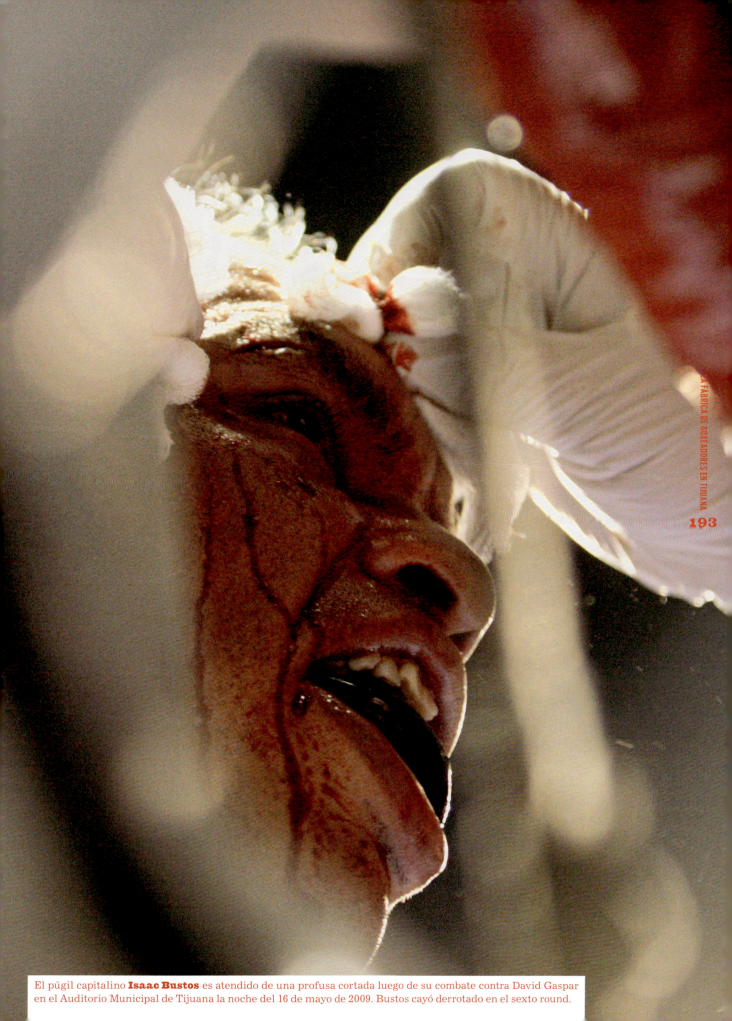

El púgil capitalino **Isaac Bustos** es atendido de una profusa cortada luego de su combate contra David Gaspar en el Auditorio Municipal de Tijuana la noche del 16 de mayo de 2009. Bustos cayó derrotado en el sexto round.

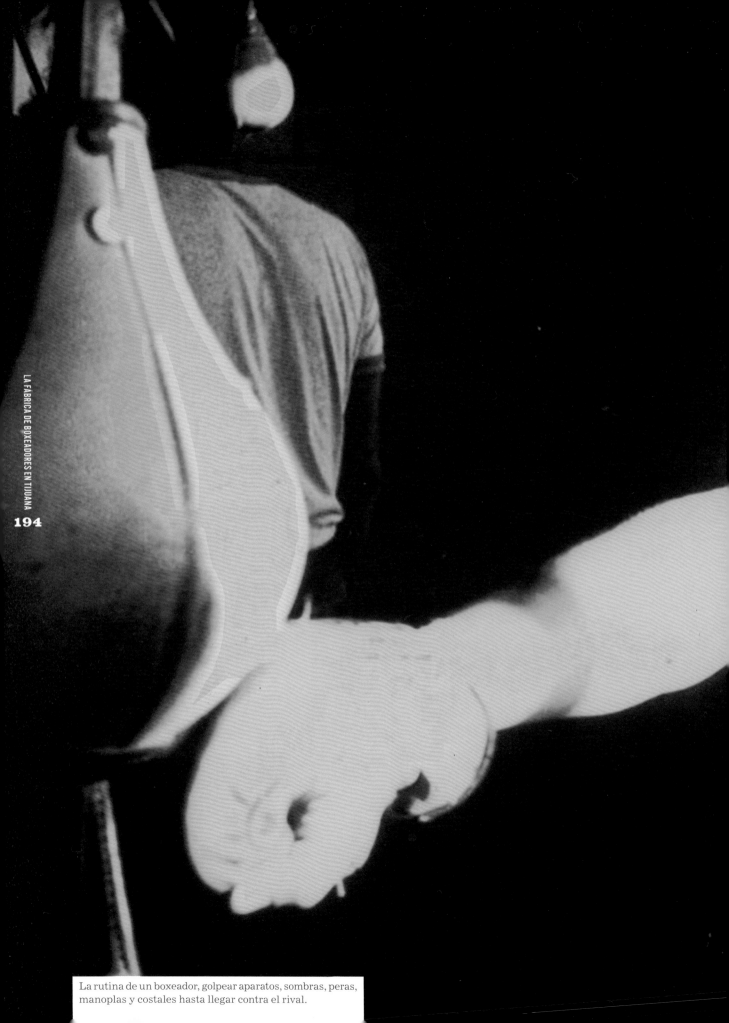

La rutina de un boxeador, golpear aparatos, sombras, peras, manoplas y costales hasta llegar contra el rival.

Luis Ramón "Yori Boy" Campas en una foto publicitaria con un indígena yaqui, realizada por su promotor Guillermo Mayén.

Dos hijos de Tijuana, uno adoptivo y otro nativo. **Luis Ramón "Yori Boy" Campas** expuso su campeonato de peso *superwelter* de la FIB ante **Pedro "el Guerrero" Ortega,** el 5 de junio de 1998 en el Auditorio Municipal de Tijuana. Campas noqueó en el undécimo *round*.

★ ★ ★

SU PADRE Y DOS DE SUS TÍOS FUERON BOXEADORES PROFESIONALES, ADEMÁS DE UN PRIMO. Así que invariablemente este tema salía entre los problemas cotidianos, las crisis económicas constantes y las jornadas diarias de trabajo y escuela.

Los sábados siempre se miraba boxeo en casa y los domingos, si la pelea había valido la pena, se seguía hablando de contiendas.

Fue fácil, pues, predecir que David "Morita" de la Mora se dedicaría al pugilismo. Aunque lo que no se sospechaba era que tuviera las cualidades para ser una figura memorable del boxeo.

En la primavera de 2010 el "Morita" mostró esa aura luego de derrotar en siete *rounds* al sinaloense Jovanny Soto —un púgil que lo doblaba en experiencia, más alto y de dura pegada— para ganar el campeonato de gallo de la Federación Centroamericana de Boxeo Profesional (Fecarbox).

"Hasta ahora ha sido mi pelea más importante. Ahí apliqué todo lo que desde niño aprendí de este oficio", me dijo De la Mora, de 21 años.

Ese triunfo lo clasificó como uno de los primeros diez retadores al título de las 118 libras del CMB.

★ ★ ★

LUIS RAMÓN "YORI BOY" CAMPAS Y ALEJANDRO "TERRA" GARCÍA REPRESENTAN DOS ÉPOCAS MUY DISTINTAS DEL BOXEO EN TIJUANA.

Los dos llegaron a ser campeones mundiales y jamás perdieron una pelea en esta frontera; sin embargo, Campas logró ser un ídolo en medio de una bonanza boxística entre 1987 y 1997.

Esa fama lo llevó a las capitales del boxeo, como Las Vegas y Nueva Jersey, para contender ante las máximas figuras de su división: Félix "Tito" Trinidad, Fernando "el Feroz" Vargas, Oba Carr y Óscar de la Hoya.

> "PARA AMBOS ES UNA PELEA DE ORGULLO. AL 'TERRA' LE HACE FALTA GANARLE A ALGUIEN DE RENOMBRE, TIENE 29 PELEAS Y ES UN EXCAMPEÓN DEL MUNDO; SIN EMBARGO, ES POCO CONOCIDO EN SU PROPIA TIERRA." GUILLERMO MAYÉN

El *"Terra"* García, por su parte, no tuvo ese impulso ni esa exposición ante rivales de renombre mundial.

Empezó su carrera en el año 2000 y para entonces los aficionados ya no creían tanto en los récords perfectos ni en contrincantes que caían con golpes sospechosos.

Pese a que el *"Terra"* consiguió ser monarca mundial en la primavera de 2003, pocos sabían quién era y sus peleas llamaban poco la atención.

Bajo el cobijo de estos antecedentes, el *"Yori Boy"* Campas, de 36 años, y Alejandro *"Terra"* García, de 28, se enfrentarán en el Auditorio Municipal Fausto Gutiérrez Moreno a diez *rounds* en peso medio (160 libras).

"Para ambos es una pelea de orgullo. Al *'Terra'* le hace falta ganarle a alguien de renombre, tiene 29 peleas y es un excampeón del mundo; sin embargo, es poco conocido en su propia tierra", dijo Guillermo Mayén.

Hace cinco años el expromotor de boxeo propuso esta contienda, pero Roberto Sandoval, entonces *manager* del *"Terra"*, no pudo convencer a Campas y perdió la esperanza.

Pese a la dilatación del encuentro, sigue pareciendo atractiva la pelea. Aunque ambos son peleadores de altibajos, el duelo es el clásico del boxeo entre el púgil experimentado que parece haber visto todo en el *ring* contra el púgil joven que desea el reconocimiento.

Campas tiene en su récord 103 peleas, 91 de ellas ganadas; mientras que el *"Terra"* tiene 29 combates con tres derrotas, dos de ellas en sus últimos tres pleitos.

"Creo que ya no hay nada que demostrar en el boxeo, solo quiero pelear porque estoy muy encariñado con esta profesión. Sé que se acerca el final de mi carrera y quiero irme bien", comentó vía telefónica desde Phoenix, Arizona, Luis Ramón *"Yori Boy"* Campas.

El púgil sonorense agregó que espera dar una gran batalla; reconoció que el *"Terra"* tiene un estilo similar al suyo y también tiene una buena pegada, pero "más sabe el diablo por viejo que por diablo".

Como el Fausto, muchos boxeadores desean no alcanzar la vejez y buscan alisar su frente, borrar el laberinto de arrugas y atrasan su retiro lo más que pueden. Campas es uno de ellos.

"No hay enemigo pequeño", dijo Alejandro García cuando se le cuestionó sobre la edad de Campas y las condiciones físicas de este. "*'Yori Boy'* siempre ha sido un aguerrido y yo espero una pelea dura".

El *"Terra"* ha tenido poca actividad boxística en los últimos tres años. Recuperó el campeonato *superwelter* de la Asociación Mundial de Boxeo (AMB) el 13 de agosto de 2005 al vencer a Luca Messi, pero en su primera defensa cayó ante José Antonio Rivera en su única pelea de 2006.

Reapareció en 2007 y fue noqueado en el tercer *round* por el ruso Román Karmazin. Apenas el pasado 26 de abril volvió al *ring* con una victoria frente a Antonio Arras. Su vuelta al boxeo la hizo de la mano del excampeón mundial Raúl "el Jíbaro" Pérez, convertido ahora en entrenador.

El *"Terra"* dejó de trabajar con el *manager* y entrenador Roberto Sandoval, quien le había hecho toda su carrera e incluso lo había firmado con Don King, luego que este dijera adiós al boxeo tras la pesadumbre que le produjo la conmoción cerebral de Víctor Burgos.

"Aún no se vence el contrato con Don King, pero ya no pelearé para él. El contrato se vence en febrero y mi idea es esperarme a que termine para volver a pelear en Estados Unidos. Voy a empezar mi carrera con otro promotor, con Fernando Beltrán", dijo García.

A pesar de ser un veterano del boxeo, Campas ha tenido mucha actividad en los últimos tres años en plazas como Nueva York y Miami (Estados Unidos), Helsinki (Finlandia) y Dublín (Irlanda).

Promociones Mayen Presenta:

AUDITORIO DE TIJUANA BOX

Lunes 2 de Abril 8:45 pm

TECATE

"LOS MAXIMOS TAQUILLEROS"

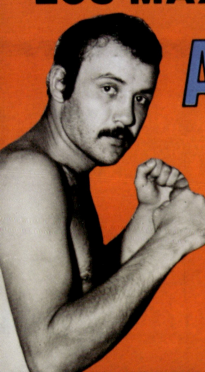

AZABACHE MARTINEZ
No. 4 DEL MUNDO CMB
54 - 6 - 29 KO   JALISCO

—vs—

CARITA SANDOVAL
POR SU CLASIFICACION MUNDIAL
45 - 7 - 33 KO   B. C.

CHANGUITA MARQUEZ
CAMPEON NACIONAL MEXICO
6 DEL MUNDO 34 - 8 - 17 KO

—vs—

SAMMY LONG
35 PELEAS 15 KO   OHIO

RENE ARREDONDO
EX-CAMPEON MUNDIAL
42-5-37 KO REAPARECE

—vs—

BUKY MORA
DE TIJUANA, VENCEDOR DE "MATADOR FUENTES"

MAIKITO MARTINEZ —vs— **ELISEO RODRIGUEZ**

PRECIOS
DAMAS   BUTACA NUM
GENERAL   RING GRAL.
BUTACA   RING NUM

VENTA DE BOLETOS
MUEBLERIA MAYEN 85-77-85
DEPORTES VIKING
LA GRAN BOTA

REFACCIONES MADRIGAL
BARBERIA NILO
BIRRIERIA GUADALAJARA

ENSENADA
RUBEN APPEL # 35-70
CASA DE CAMBIO MIRAMAR
Y ALISOS 40158

Promociones Mayen

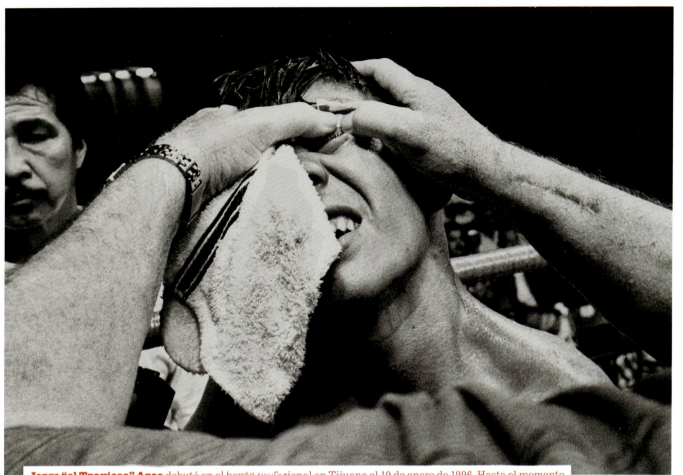

Jorge "el Travieso" Arce debutó en el boxeo profesional en Tijuana el 19 de enero de 1996. Hasta el momento ha realizado 70 combates y ha ganado cuatro cinturones mundiales en diferentes divisiones. Más de la tercera parte de sus contiendas las ha realizado en esta frontera.

★ ★ ★

LA NOCHE DEL 21 DE JUNIO DE 2008, LUIS RAMÓN *"YORI BOY"* CAMPAS DERROTÓ A ALEJANDRO *"TE-RRA"* GARCÍA EN EL PRIMER *ROUND*. La contienda duró solo un minuto con 48 segundos. Campas lo tiró tres veces a la lona con ganchos al hígado.

★ ★ ★

UNA PELEA QUE NUNCA VOY A OLVIDAR ES LA DE JORGE "EL TRAVIESO" ARCE CONTRA MICHAEL CARVAJAL, POR LO INESPERADO Y SORPRENDENTE QUE RESULTÓ PARA TODOS LOS QUE ESTÁBAMOS AHÍ EN EL TOREO DE TIJUANA (EL 31 DE JULIO DE 1999).

"El Travieso" estaba boxeando por nota, estaba haciendo muy buen trabajo, una obra maestra, iba ganando *round* tras *round* a base de mucha inteligencia; pero Carvajal era un veterano muy peligroso, Arce se fajó con él en el undécimo *round* y Carvajal lo agarró con un gancho al hígado y lo terminó noqueando.

Recuerdo el silencio que se hizo en El Toreo, que casi se había llenado porque en la pelea estelar peleaba Érik "el Terrible" Morales contra el filipino Reynante Jamili.

Arce perdió esa noche su campeonato mundial, pero después lo recuperaría con el coraje que tiene como boxeador.

Benjamín Rendón, 69 años, juez del Consejo Mundial de Boxeo (CMB).

★ ★ ★

RECUERDO MUCHO UNA PELEA DE ENTRE TODAS LAS QUE HICE COMO PROMOTOR, NO SOLO PORQUE PUDE HACERLA EN EL TOREO, SINO TAMBIÉN POR TODA LA EMOCIÓN QUE CAUSÓ ENTRE AFICIONADOS DE TIJUANA Y ENSENADA.

Fue la pelea entre Felipe Urquiza contra Andrés "Carita" Sandoval, quien era de Ensenada. La hice en el Auditorio Municipal (el 7 de mayo de 1986)

El reconocido anunciador **Jimmy Lennon Jr.** durante una función de Zanfer en Tijuana.

y entró muchísima gente. Nosotros vendimos 7500 boletos, en ese tiempo el auditorio no tenía butacas, solo el cemento. Además mucha gente quebró las ventanas y se metió por ahí.

El entonces delegado de La Mesa declaró que había sido inhumano haber dejado pasar a tanta gente. Fue un lunes y en la caseta de cuota de la carretera escénica dijeron que nunca habían tenido tanto cruce en semana.

La pelea en sí fue muy emocionante, los dos se tumbaron. Era por el campeonato estatal de Baja California. El "Carita" Sandoval ganó por nocaut en el octavo *round*. Yo era promotor en ese tiempo de Urquiza.

Guillermo Mayén, promotor de boxeo.

✦ ✦ ✦

EL NOMBRE DE TIJUANA HA SIDO ASOCIADO EN LOS ÚLTIMOS AÑOS CON BRUTALES ASESINATOS VINCULADOS A LA GUERRA DE CÁRTELES DE LA DROGA CONTRA EL GOBIERNO FEDERAL. Colgados en puentes, decapitados o víctimas envueltas en cobijas han aparecido en primeras planas de periódicos locales e internacionales.

Sin embargo, un evento masivo para 18 000 personas, que se televisará a más de 120 países, intentará mostrar uno de los rostros más orgullosos de esta ciudad: la del boxeo y sus pugilistas.

La empresa estadounidense Top Rank presentará, asociada con Zanfer y el Ayuntamiento de esta urbe, el 28 de marzo de 2009 la función "Furia Latina 8-Trueno en Tijuana", que televisarán por Pago por Evento (PPV).

El evento se realizará en la Plaza Monumental de Toros de Playas de Tijuana, donde el 3 de marzo las autoridades encontraron a un costado del coso los cadáveres de tres hombres decapitados y mutilados.

El programa de peleas contempla la primera defensa del campeonato superpluma del CMB que hará Humberto "la Zorrita" Soto ante el estadounidense Antonio Davis.

Julio César Chávez, Jr. lanza un gancho al argentino **Leonel Cuello,** en la pelea que sostuvieron el 28 de marzo de 2009 en la Plaza Monumental de Toros de Tijuana.

Julio César Chávez, Jr. enfrentará al argentino Luciano Leonel Cuello; Fernando Montiel contra Diego Óscar Silva por el título interino gallo de la Organización Mundial de Boxeo (OMB), el excampeón mundial José Luis Castillo ante Antonio Díaz y otros seis combates con peleadores de la región.

"La función será una muy buena oportunidad para mostrar la verdadera cara de nuestra ciudad, una ciudad de gente pacífica", dijo al alcalde de Tijuana, Jorge Ramos.

Cualquier turista que pretenda venir a ver el evento no va a tener algún problema, agregó. Los turistas no han sido el objetivo de la violencia relacionada con la guerra entre los cárteles rivales y las fuerzas de gobierno.

El Ayuntamiento regalará 14 000 boletos para los aficionados en las delegaciones de la ciudad. Mientras que esta empresa puso a la venta 4000 boletos en las secciones de barrera y *ring side*.

En octubre del año pasado el alcalde Ramos invitó a Tijuana al legendario promotor Don King, con el fin de lograr un convenio para que realizara funciones de box en esta ciudad.

Sin embargo, Don King cancelaría su viaje a última hora justo cuando las autoridades reportaban 150 asesinatos en la ciudad en 24 días.

"Sé que ha habido problemas en Tijuana con el tráfico de drogas, pero creo que mucho es por el control… Esta es una ciudad segura y vibrante", dijo Bob Arum, presidente de Top Rank y rival de Don King.

Arum, que llevó la carrera de los tijuanenses Érik "el Terrible" Morales y Antonio Margarito a alturas insospechadas, no es la primera vez que hace una función de este tipo en la frontera. En 1998 llenó con más de 7000 aficionados el antiguo Toreo de Tijuana, cuando Érik Morales enfrentó a Junior Jones, y un año después volvió a abarrotar el coso del bulevar Agua Caliente cuando presentó tres campeonatos mundiales. Ambos fueron televisados por PPV.

"Este evento (en Tijuana) viene a comprobar el significado que tiene el boxeo mexicano a nivel internacional", agregó Bob Arum.

Fernando "Kochulito" Montiel enfrentó a **Diego Silva** en la Plaza Monumental de Toros de Tijuana, el 28 de marzo de 2009 por el vacante título interino de peso gallo de la OMB. Para el tercer *round* el cinturón era de Montiel.

✦ ✦ ✦

LA GENERACIÓN DE PELEADORES PROFESIONALES QUE ENTRENA HOY EN LOS GIMNASIOS, ES UNA CAMADA MÁS RECUPERADA Y MEJORADA QUE LA DE LOS BOXEADORES DE LOS OCHENTA. Esta camada ya tiene un equipo y un reconocimiento, mejores instalaciones, más equipo técnico, ya ni siquiera batallan por patrocinadores que los apoyen con su ropa o las zapatillas. Esta generación está más administrada, con mejores condiciones físicas y económicas, con la experiencia de lo que le pasó a otras generaciones.

Por primera vez, después de trabajar con tanta gente del medio boxístico, estos boxeadores tienen la posibilidad de no tener intermediarios, están firmados directamente con las empresas grandes. Quien tenga posibilidades de llegar a pelear a Estados Unidos va a conseguir que el 70% de su salario sea para él, el otro 30% para el *manager*. Ya no le tiene que descontar a ningún representante.

Rómulo Quirarte, Jr. y Roberto Quirarte, entrenadores de boxeo del club Crea, hijos de don Rómulo Quirarte.

✦ ✦ ✦

LA TELEVISIÓN ABIERTA EN MÉXICO HA VUELTO A PROGRAMAR FUNCIONES DE BOXEO EN HORARIOS ESTELARES Y ESO HA CREADO DE NUEVO UN *BOOM* DEL BOXEO MEXICANO. Muchos de los programas de boxeo están superando los *ratings* de las telenovelas y están dando a conocer a grandiosos pugilistas. Están demostrando que el verdadero deporte popular en México es el boxeo. En poco tiempo los boxeadores mexicanos no tendrán que cruzar a Estados Unidos para ir por los grandes salarios. Aquí en México se podrán pagar esos sueldos.

Bob Arum, presidente de Top Rank.

> "MUCHOS DE LOS PROGRAMAS DE BOXEO ESTÁN SUPERANDO LOS RATINGS DE LAS TELENOVELAS." BOM ARUM

Fernando "Kochulito" Montiel celebra su triunfo tras noquear en el tercer *round* a **Diego Silva** en la Plaza Monumental de Toros de Tijuana, el 28 de marzo de 2009 por el vacante título interino de peso gallo de la OMB.

ROUND 5
LOS DÍAS PREVIOS AL COMBATE DEL "MORITA"

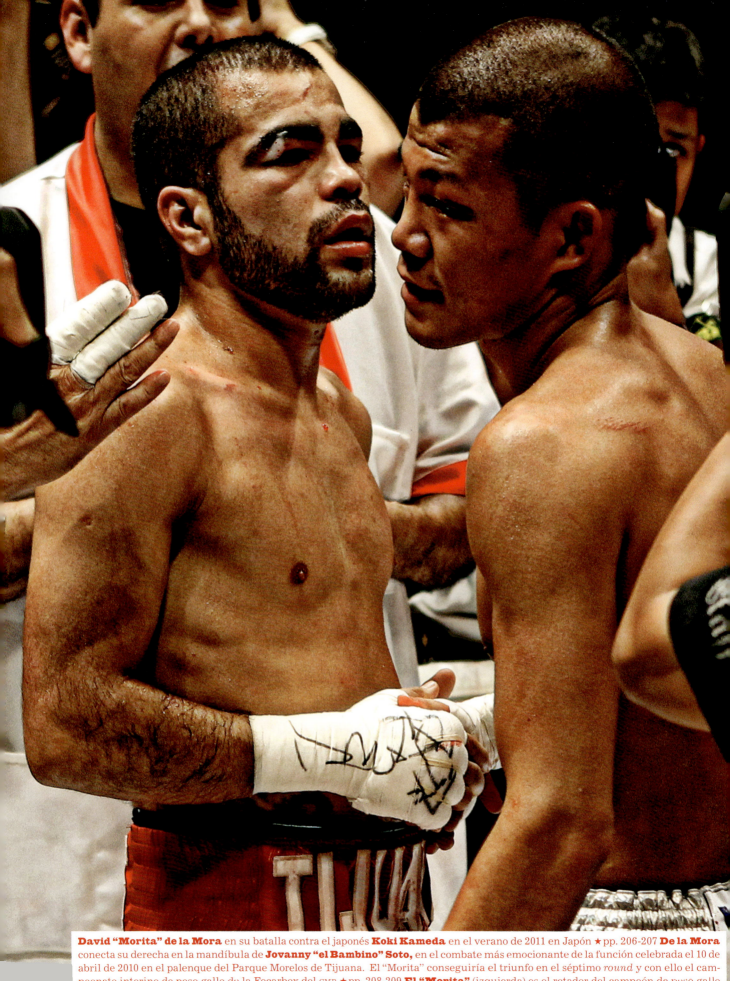

David "Morita" de la Mora en su batalla contra el japonés **Koki Kameda** en el verano de 2011 en Japón ★ pp. 206-207 **De la Mora** conecta su derecha en la mandíbula de **Jovanny "el Bambino" Soto,** en el combate más emocionante de la función celebrada el 10 de abril de 2010 en el palenque del Parque Morelos de Tijuana. El "Morita" conseguiría el triunfo en el séptimo *round* y con ello el campeonato interino de peso gallo de la Fecarbox del CMB ★ pp. 208-209 **El "Morita"** (izquierda) es el retador del campeón de peso gallo de la AMB, el japonés **Koki Kameda,** en el combate del 31 de agosto de 2011 en Tokio, Japón.

Este es el diario de los últimos catorce días de entrenamiento, de cuatro meses que tuvo, el boxeador David "Morita" de la Mora, previos a su combate contra el japonés Koki Kameda, el campeón de peso gallo de la Asociación Mundial de Boxeo (AMB), que expuso su cinturón el 31 de agosto de 2011 en la Arena Nihon Budokan de Tokio, Japón ★ Corresponde también a los momentos más intensos que vive un pugilista antes de llegar a una contienda de título universal, pues aunado al cansancio natural de la preparación física, la presión de dar el peso determinado —en este caso 118 libras para un joven de 23 años– y aguantarse el hambre, están los nervios de pisar una tierra extraña y un público distinto, el miedo a quedar mal o que su boxeo no funcione porque su cuerpo se paralice por una mezcla de nervios y cansancio ★ Como si eso no fuera poco, el "Morita" dijo que debía cargar con un "sueño de familia" ★ Su padre, Porfirio de la Mora, fue boxeador cuando todavía él no nacía; y su tío, Luis "Buki" Mora, fue uno de los mejores púgiles de la frontera a finales de la década de 1980, cuando él apenas daba sus primeros pasos. Además, sus primos mayores, Martín Mora y Pablo de la Mora, también se dedicaron al boxeo profesional en los noventa y la década pasada, contendiendo en diversos foros de Estados Unidos y México ★ Ninguno de ellos, sin embargo, pudo alguna vez contender por un campeonato mundial. Por eso el "Morita" dijo que en Japón también cumpliría un largo anhelo de su familia.

El púgil **David "Morita" de la Mora** tras una sesión de guantes en el club Crea, previa al combate que sostendría contra el japonés Ryosuke Iwasa en Tokio, Japón, el 27 de octubre de 2011.

CATORCE DÍAS ANTES DE LA PELEA

★ DÍA 14 ★

EL DÍA DE HOY DESPERTÉ Y DESAYUNÉ UN CEREAL CON FRUTA; LUEGO ME PUSE A VER LA TELEVISIÓN, MÁS BIEN, A CAMBIAR DE CANALES SIN VER ALGO EN PARTICULAR, SIMPLEMENTE ESPERANDO LA HORA PARA IRME AL GIMNASIO.

Llegué al gimnasio del Crea a las tres de la tarde, tenía todas las ganas del mundo para hacer las cosas. Me tocaba hacer esparrin. Física y mentalmente me sentía bien. Empecé con "el Sirenito" Pérez, hice tres *rounds* con él y me sentí bien, lo pude dominar un poco. Después seguía Jorge de Alba, hice dos *rounds* pero con él no pude, me llegó el cansancio físico, no podía con mis brazos, miraba sus golpes pero no lograba esquivarlos, quizá por la desvelada, la noche anterior me había acostado tarde por ir al cine a ver *El Capitán América*, que por cierto no me gustó. Luego del esparrin hice sombras, peras y unos cuantos *rounds* para soltarme y relajarme.

Ya cuando me senté me puse a pensar si el japonés se sentiría igual que yo, si a todos les pasa lo mismo, si tendrán días malos, si habrá días en los que las cosas no le salen. En eso estaba cuando "el Jíbaro" Pérez, al verme tan serio y pensativo, se acercó y me dijo que la mejor carta que llevaré en contra del japonés es la confianza en mi preparación física, me dijo que era normal que a veces sintiera que el cuerpo no responde, que tuviera confianza en mí y en mi preparación.

Luego de entrenar regresé a mi casa a comer un filete de pescado a la plancha con verduras, que mi madre me preparó. Me senté a comer, vi un poco de televisión y platiqué con mi papá de nada en particular, simplemente hablamos para pasar un rato. Me senté en la sala, abrí mi Facebook, tenía bastantes mensajes, más de lo común, donde todos me deseaban suerte y éxito en mi pelea; eran comentarios de ánimo y de buena fe. Eso me hizo sentir bien pero a la vez con una gran responsabilidad porque mucha gente cree en mí.

Un día menos para mi partida y no sé qué esperar cuando llegue a Japón.

> **" 'EL JÍBARO' PÉREZ, AL VERME TAN SERIO Y PENSATIVO, SE ACERCÓ Y ME DIJO QUE LA MEJOR CARTA QUE LLEVARÉ EN CONTRA DEL JAPONÉS ES LA CONFIANZA EN MI PREPARACIÓN FÍSICA."**

★ DÍA 13 ★

OTRO DÍA QUE SE VA. FUE UN DÍA CANSADO. DESPERTÉ A LAS SIETE DE LA MAÑANA PARA IR A CORRER 45 MINUTOS. Corrí en las calles de la colonia y terminé mi recorrido a una cuadra de mi casa.

Me bañé. Desayuné un cereal con fruta y una gelatina de limón. Satisfecho fui a mi habitación para descansar unas tres o cuatro horas. Después de dormir un rato desperté para ver una comedia con mi mamá; cuando acabó arreglé la maleta del gimnasio y salí de mi casa a las dos de la tarde. Fui primero a ver cómo iba el uniforme que usaré en la pelea, después de eso salí muy apurado para llegar al gimnasio y por ir tan deprisa me pasé un semáforo enfrente de un policía, y obviamente me puso una infracción. Raro pero llegué más tranquilo al gimnasio poco después de la tres de la tarde, ahí ya me esperaban los dos espárrines con los que me pondría los guantes para una sesión de cinco *rounds*.

Otra vez sentí que mi cuerpo no hacía caso a mi cerebro. Terminé con sombras, solturas y ejercicios de abdomen.

Platiqué con mi entrenador Rómulo [Quirarte], me preguntó cómo me sentía; me dijo que me veía enfadado, no cansado sino enfadado. Y es cierto, después de cuatro meses entrenando duro el enfado se hace presente. Pero yo le contesté que me sentía nervioso y con miedo. Me dijo que no me preocupara, que es bueno sentir eso, que él sabe por lo que estoy pasando, que el miedo y los nervios se los deje a él, que él sabe de mis capacidades y que tenga confianza en la preparación, en mi boxeo, en mi inteligencia y en mis pantalones. Me dijo que soy un kamikaze en el *ring* y bien preparado soy un peligro para cualquier rival.

Todas esas palabras de alguna manera me levantaron el ánimo y me alegré más al saber que me estoy acercando al peso. Después de la terapia, del entrenamiento y de los golpes de que me dieron los espárrines, regresé a mi casa.

Mi madre me esperaba con un rico filete de pescado y verduras al vapor para comer. Luego salí al billar *El perro salado* y platiqué sobre el patrocinio con el dueño. Compré un par de cafés, uno para mí y otro para mi mamá, y regresé a mi casa, donde estaban mis padres, mi hermana y su novio viendo televisión. Luego de una hora se fueron y me dejaron solo en la sala con mi café. Terminé mi día viendo unas peleas de vale todo por televisión.

★ DÍA 12 ★

ESTOY ESCRIBIENDO ESTO A LAS 00:30 DE LA NOCHE EN LA SALA 14 B DEL AEROPUERTO DE TIJUANA, MIENTRAS ESPERO UN VUELO CON DESTINO A LA CIUDAD DE MÉXICO. El motivo de mi visita a esa ciudad es para tramitar mi visa de trabajo de Japón, pues en Tijuana no existe un consulado de ese país.

Este día fue largo. Había despertado a las ocho de la mañana para hacer mi rutina: ir a correr a la cancha de mi delegación, corrí 35 minutos. Regresé a mi casa y desayuné un cereal con fruta. Me bañé y descansé. Desperté nuevamente a las doce del día y, a falta de carro, porque mi papá se lo llevó antes de que yo despertara, tuve que irme en mi moto a la casa de mi amigo Gustavo. Estuve ahí un rato y después lo acompañé a hacer unos pagos. Me llevó después a la universidad para dejar unos documentos y luego regresamos a su casa en lo que se llegaba la hora de ir al gimnasio.

A las tres de la tarde llegué al gimnasio y ya me esperaba Jorge "el Tremendo" de Alba para boxear conmigo. En esta ocasión hicimos ocho *rounds*, pero esta vez me sentí mejor y nos dimos hasta con la cubeta. Terminé mi entrenamiento con *rounds* de peras y uno de costal.

Regresé a casa de Gustavo, comimos atún y vimos el partido de futbol de México contra Brasil. Cuando acabó, regresé a mi casa en la moto, estuve un rato ahí, acomodé mis cosas y documentos para la visa, platiqué con mi hermana, nos dimos carrilla de hermanos diciéndonos tonterías, pero riéndonos. Después me despedí de mi madre y me fui con mi papá a su trabajo a las 10:30 de la noche. Platicamos, él me decía cómo debo cuidar mi dinero en un futuro, cómo ha habido muchos boxeadores que han hecho dinero y al final se quedan sin nada por no saber administrarlo y simplemente vivir el momento. Así platicando se hizo la hora de irme al aeropuerto en compañía de mi hermano, que estaba trabajando en el taxi y se encontraba cerca. Así terminó mi día, en la sala del aeropuerto.

★ DÍA 11 ★

LA SALIDA DEL VUELO A LA CIUDAD DE MÉXICO ERA A LA 1:45 DE LA MAÑANA Y LLEGABA A LAS 7:30. Traté de dormir en el avión, pero fue demasiado incómodo y no pude descansar, parecía gusano

> "ME DIJO QUE SOY UN KAMIKAZE EN EL RING Y BIEN PREPARADO SOY UN PELIGRO PARA CUALQUIER RIVAL."

tratando de acomodarme buscando la manera de poder dormir y terminé con el cuello torcido.

Cuando llegué al Distrito Federal, hablé con la persona que iba a ir por mí y me dijo que ya estaba en camino. Lo esperé en la salida tres. Pensé que llegarían por mí en un carro y resultó que no, íbamos a transportarnos en el metro, lo cual no me molestaba. Me di cuenta que ahí las personas no se detienen para nada, siempre van deprisa como si fueran a llegar tarde a todos lados. Y así, deprisa, llegué al consulado japonés que está a unos cuantos pasos de la glorieta del Ángel de la Independencia.

Entré al consulado, entregué los documentos que llevaba y la señorita que me atendió me pidió el pasaporte; me di cuenta que no lo traía, lo cual me dio muchísima risa, ¡el documento principal no lo traía! Al hablar con mis padres por teléfono les pedí que me lo mandaran por mensajería, pero esta tardaba un día en llegar y me tenía que quedar un día más en la ciudad.

Nos fuimos al gimnasio donde entrena Mariana "la *Barbie*" Juárez; ahí la saludé y después me presenté con los encargados del gimnasio para pedirles permiso que me dejaran entrenar más tarde, moverme un poco. De ahí fui a comer a una fondita frente al gimnasio y luego me hospedé en un hotel cerca de ahí. Dormí para poder recuperarme un poco del vuelo y la desvelada. Desperté a las tres de la tarde y fui al gimnasio. Hice sombra, brincos y cuerdas. Regresé al hotel, me bañé, vi un poco de televisión y como a las siete de la noche me quedé profundamente dormido.

★ DÍA 10 ★

DESPERTÉ A LAS NUEVE DE LA MAÑANA PARA LLAMAR A LA PERSONA QUE ME ESTÁ GUIANDO POR LA CIUDAD DE MÉXICO, ÉL ES EL ENTRENADOR DE MARIANA JUÁREZ Y LE APODAN "EL HALCÓN"; NOS QUEDAMOS DE VER AFUERA DEL HOTEL A LAS DIEZ DE LA MAÑANA PARA IR A RECOGER MI PASAPORTE EN DHL. Cuando llegó "el Halcón" por mí, lo tuve que acompañar a que él arreglara sus asuntos y luego fuimos por el pasaporte y a entregarlo al consulado japonés. Como ya había dejado mis papeles ahí, pensé que únicamente le iban a poner un sello y ya, pero no fue

> "ME EXPLICÓ QUE HABRÁ MOMENTOS DONDE YA NO QUIERA SABER NADA DE ESTO, DONDE VOY A QUERER DETENERME; SIN EMBARGO CUANDO LLEGUE ESE INSTANTE ME DIJO QUE OBSERVARA A LAS HORMIGAS, ÉSTAS NUNCA SE DETIENEN, QUE LAS TOMARA COMO EJEMPLO."

así. Me dijeron que volviera a las cinco de la tarde por él, y pensé: *mientras qué voy hacer durante seis horas*. Tuve que irme con "el Halcón" a hacer sus negocios.

Me llevó a conocer al excampeón mundial Miguel Ángel González. Platiqué con él, me dijo que lo que estaba a punto de vivir era un gran momento que mucha gente espera. Me dijo que lo disfrutara, "no va haber otro igual", me dijo. Me explicó que habrá momentos donde ya no quiera saber nada de esto, donde voy a querer detenerme; sin embargo, cuando llegue ese instante me dijo que observara a las hormigas, estas nunca se detienen, que las tomara como ejemplo.

También fui a un entrenamiento de "la *Barbie*", platiqué con ella e igual me dio consejos y ánimos para poder salir adelante en la pelea.

Salí del entrenamiento y ya era hora de ir por mi pasaporte. Volvimos a tomar el metro. Este día fue uno en los que más he caminado en mi vida, creo que recorrí todas las líneas del metro y finalmente llegué al aeropuerto muy cansado, casi como un niño en Disney.

Cuando llegué a Tijuana a las 9:45 de la noche, le dije a mi amigo Gustavo que fuera por mí porque él había recogido mi uniforme para la pelea. Llegó y me mostró el uniforme, me gustó mucho, la tela es blanca con hilos de plata. Le puse un fondo rojo para que diera un efecto de tres colores y quedó muy bonito.

Terminé este día tan agotador en la casa de Gustavo, ahí dormí porque al día siguiente él me acompañaría a correr, como lo ha hecho algunos días de la preparación. Es un buen amigo.

★ DÍA 9 ★

CORRÍ EN LA MAÑANA 30 MINUTOS Y FUI AL GIMNASIO AL MEDIODÍA. Entrenamos más temprano por ser sábado. Solo fueron Marvin [Quintero], "el Zorra" [Humberto Soto] y "el Che-Ché" [Juan Pablo López], porque iban a pelear el 3 de septiembre, "el Cañitas" [Antonio Lozada, hijo] y yo, que llegué tarde como siempre, porque tuve que ir a pagar antes el traje para la pelea.

Trabajamos costales y pera, solturas, brincos, sombras, puro sudor, trabajamos fuerte. Terminé y me fui a mi casa a bañarme y cambiarme porque había en la tarde torneo de box *amateur* en el auditorio municipal.

Llegué al auditorio justo a las 4:30 de la tarde y me puse en la puerta para ayudar a cobrar. Toda la gente que llegaba me dio ánimos, muchos de ellos me conocen desde chiquito.

Desde que llegué al torneo pensé en subir al *ring* y agradecer a la gente que estaba ahí, decir unas palabras. Por ejemplo agradecer a Pedro Morán, yo empecé a boxear a los diez años en su gimnasio. A los dos años me fui al Crea. Al "Jíbaro" [Raúl Pérez], que llegué al Crea y me enseñó. A Luis Román, que en algunas ocasiones me ha acompañado a Estados Unidos en otras peleas cuando hemos salido. Y a todos los muchachos. Quería darles un mensaje, unas palabras, que yo ya he pasado todo lo que ellos están viviendo, lo que van a pasar; de cuántas veces entrenan y se cuidan la comida y vienen al pesaje y no tienen rival y se van muy desmotivados, ya no regresan al gimnasio porque en el pesaje no hubo contrincante. A mí me pasó en muchísimos torneos, me cuidaba la comida, me sacrificaba, y a la hora de venir a pesarme no había un rival, no había peleador. Así empecé y así me pasó muchas veces.

No se presentó la ocasión para decir el mensaje, no quise decirle a mi papá [Porfirio de la Mora, dirigente del boxeo *amateur* de Tijuana]. Lo estuve pensando durante las 15 peleas que hubo, pero no me animé, porque todas esas pequeñas cositas me mueven, por eso no me animé. Solo se me quedaron en la cabeza.

★ DÍA 8 ★

SUPUESTAMENTE IBA A ENTRENAR A LA UNA DE LA TARDE, PERO TEMPRANO ME HABLÓ MI ENTRENADOR PARA DECIRME QUE SIEMPRE NO, QUE ME FUERA A RELAJAR AL SAUNA. Así que fue un día de relajación total.

Este día no corrí, fui con unos amigos [Manuel y Gustavo] para que me acompañaran al sauna, porque nunca había ido. Fuimos a los Baños San José.

Nos metimos al vapor, nos pusimos la toallita esa que te dan. Ahí estaba un señor sentado en el vaporcito tomándose una cerveza. Nosotros nos pusimos a platicar y el señor comenzó a contarnos que él cuando estaba joven se iba a correr con unos maratonistas. Al principio nosotros lo tiramos a loco, porque estaba tomando; pero a mí me puso a pensar después, como que su historia al final tenía una moraleja.

Contó que corría una hora todos los días por la carretera escénica, ahí un día se encontró a unos maratonistas y quiso seguirles el ritmo pero lo dejaron lejos muy pronto, se fueron y se fueron. Al día siguiente dijo que se levantó para entrenar más fuerte, comenzó a correr en arena y le metía peso para aguantarles más. Se los encontró a la semana y les pudo aguantar más, pero aun así lo dejaron.

Dijo que siguió preparándose más y más, cada vez les aguantaba más, aunque no toda la carrera; hasta que hubo un momento en que ya no pudo, le salieron ampollas y sangre en los pies. Él dijo que creía que ya era canijo, pero siempre hay algo más que tienes que aprender y saber, que tienes que tener.

Nos salimos del vapor y nos metimos a la alberca, me tomé un agua mineral, estaba bien relajado. Seguimos platicando con el señor, él le invitó una cerveza a mi amigo y así estuvimos hasta las siete de la noche.

Después fui al cine con Gustavo y su novia, los invité, fuimos a ver una comedia, *Quiero matar a mi jefe*. Estuvo suave, divertida. La sala estaba llena, nos tocó como en la cuarta fila. Lo que había

---

> "HUBO UN MOMENTO EN QUE YA NO PUDO, LE SALIERON AMPOLLAS Y SANGRE EN LOS PIES. ÉL DIJO QUE CREÍA QUE YA ERA CANIJO, PERO SIEMPRE HAY ALGO MÁS QUE TIENES QUE APRENDER Y SABER, QUE TIENES QUE TENER."

David "Morita" de la Mora en sesión de guantes en el club Crea.

bajado en el sauna lo volví a subir porque me tomé un té gigante, palomitas, un *hot dog* y una crepa. Me la pasé bien. A las diez de la noche llegué a mi casa en mi moto. Me sentía muy bien y dormí a gusto.

★ DÍA 7 ★

ME LEVANTÉ A LAS SIETE DE LA MAÑANA PARA IR A CORRER EN COMPAÑÍA DE GUSTAVO. Regresamos a su casa para descansar. Desperté al mediodía pero seguí acostado viendo The History Channel acompañado de Gustavo y sus hermanos Gilberto y Manuel, que también son buenos amigos. Estuvimos diciéndonos tonterías, como suelen hacer los amigos, hasta que se llegó la hora de ir al gimnasio.

Gustavo me ha apoyado en esta preparación y en otras que he tenido desde que me hice profesional. Nos conocimos cuando teníamos 14 años, él y su hermano Gilberto (son cuates) iban al gimnasio Crea. Desde entonces hemos trabajado juntos en muchas partes: de réferis de *paintball*, de cocineros en banquetes, de maleteros en la línea, en fin, pero siembre "los Cuates", como les digo, han estado conmigo.

Llegamos al gimnasio y me dieron la noticia que saldría a Japón a las 2:45 de la mañana y que tenía que estar en el aeropuerto a las once de la noche. Fue inesperado, se adelantaron un día de lo planeado.

Hice una última sesión de guantes con Jorge de Alba, fueron cuatro *rounds* donde nos ayudamos muy bien. Después hice ejercicios de peras, sombras y cuerdas. Todos en el gimnasio se despidieron de mí y me desearon mucha suerte. Me sentí bien al saber que las personas creen en mí.

Regresé a mi casa con Gustavo, comimos, él comida china y yo un caldo de aleta de tiburón. Me bañé, me cambié de ropa para ir con uno de mis patrocinadores del billar para enseñarle cómo había quedado el uniforme de la pelea, y ahí en el billar me encontré a mi tío Martín; me dijo cómo debía pelearle al japonés. Me deseó suerte y toda la buena vibra.

> "LAS PERSONAS QUE ENTRENABAN AHÍ SE ME QUEDARON VIENDO COMO SI FUERA UN BICHO RARO, PERO NO ME INCOMODÓ, TRATÉ DE SIMPATIZAR CON ELLOS Y CREO QUE LES AGRADÉ, LES ENSEÑÉ CÓMO SE SALUDA EN TIJUANA Y TODOS SE RIERON, HASTA UN JAPONÉS ME DIJO QUE OJALÁ VENCIERA A KAMEDA."

Salimos de ahí para ir a la casa de Gustavo, donde estaban sus hermanos, Gilberto y Manuel y otro compañero. Después de estar un rato platicando y riéndonos decidieron que me acompañarían todos a despedirme al aeropuerto. Llegamos a mi casa, estuvimos un rato con mis padres y mi hermana. Mi padre, antes de irse a trabajar, me dijo que me cuidara mucho, que no importara el resultado, bien o mal, para él no pasaba nada, y como que le dio algo de pena despedirse bien de mí, quizá porque iba a llorar y mis amigos estaban ahí. En cambio, mi madre sí lloró, a ella no le dio pena, me dijo que me cuidara mucho y que siempre fuera yo primero. Mi hermana simplemente me dio un abrazo.

Y así me fui con mis amigos al aeropuerto. En el camino nos íbamos riendo y contando chistes. Al llegar, mi entrenador Roberto [hijo de Rómulo Quirarte] ya estaba ahí, nos tomamos unas fotos con él y todos me dieron abrazos. Antes de despedirse dijeron una porra, algo que me hizo sentir muy bien, pensar que no importa lo que pase ellos estarán ahí y estoy seguro que sí lo estarán.

★ DÍAS 6 Y 5 ★

EMPEZÓ MI DÍA EN EL AEROPUERTO ACOMPAÑADO DE ROBERTO, UNO DE MIS ENTRENADORES, EN UN VUELO QUE SALDRÍA A LAS 2:45 Y QUE PENSAMOS QUE NO LLEVARÍA MUCHA GENTE, PERO CUANDO ENTRAMOS AL AVIÓN ESTABA LLENO. Ese avión viene de México y hace escala en Tijuana para salir directo a Tokio.

En el avión batallé un poco para dormir, pero Roberto no, cuando volteé a verlo ya estaba roncando. Entonces me puse a ver la película que estaba pasando hasta que logré dormirme a las seis de la mañana, hora de Tijuana. No supe a qué hora desperté pero el carrito de la comida ya estaba cerca, desperté a tiempo.

Durante el vuelo me preguntaba cómo sería Tokio, como serían las cosas al otro lado del mundo. Y después de un vuelo de doce horas, y del día más largo de mi vida, llegamos al aeropuerto de Narita. Pasamos inmigración, recogimos las maletas y al salir de la sala pensé que nos estaría esperando un chofer, pero además de eso nos recibieron reporteros y cámaras para entrevistarme. Había un traductor, Rodolfo, y él tradujo las preguntas típicas de los reporteros, que cómo me sentía, que qué pensaba de Kameda, y así, todo eso duró una media hora.

Del aeropuerto de Narita a Tokio es aproximadamente una hora. En el camino me di cuenta que es una ciudad muy parecida a las de Estados Unidos en cuanto a las carreteras, solo que manejan del lado contrario. Al llegar a Tokio se me figuró como Los Ángeles [California].

Nos hospedaron en el Tokio Dome Hotel, que está a un lado del Tokio Dome, casa de Los Gigantes de Tokio, un equipo de béisbol. Una vez hospedados, el promotor japonés nos dio dinero para ir a comprar algo de comida en una tienda. No sabíamos qué comprar, ni sabíamos qué rollo con la moneda. Compramos unos sándwiches. Después de eso fuimos a los cuartos a descansar y esperar a que llegara Rómulo y "el Cañas" [Antonio Lozada, representante] a las siete de la tarde para entrenar. Creo que dormí unas cuatro horas antes de entrenar. Cuando estábamos todos juntos nos llevaron a un gimnasio donde se quitaban los zapatos para entrar y las personas que entrenaban ahí se me quedaron viendo como si fuera un bicho raro, pero no me incomodó, traté de simpatizar con ellos y creo que les agradé, les enseñé cómo se saluda en Tijuana y todos se rieron, hasta un japonés me dijo que ojalá venciera a Kameda, algo que otras personas ya me lo habían dicho. El promotor de Kameda me dijo que a ellos les gusta hablar con turistas, quizá por eso les agradé.

De vuelta en el hotel, Rómulo se sentía mal y se quedó en el cuarto a descansar, mientras que "el Cañas", Roberto y yo bajamos al restaurante a cenar, pero no supimos qué pedir. Yo no tenía mucha hambre, así que me esperé a que ellos pidieran para pellizcarles sus platillos. "El Cañas" pidió salmón y Roberto pidió carne, yo comí un poco de los dos.

Cansados por el vuelo más largo que he vivido, regresé al cuarto para dormir como un bebé y pasar mi primera noche en Tokio.

★ DÍA 4 ★

FUE MI SEGUNDO DÍA EN TOKIO Y NO TUVE PROBLEMAS PARA ADAPTARME AL HORARIO. Me despertaron para correr a las siete de la mañana. Me puse el pantalón deportivo, tenis, plásticos y todo lo necesario para correr alrededor del Tokio Dome aproximadamente 30 minutos en compañía de mis entrenadores y el promotor, bueno, ellos no corrieron, nada más me vieron pero me acompañaron. Regresamos al hotel y ellos me esperarían en el restaurante mientras yo me bañaba. Aproveché el baño para lavar mi ropa en la regadera, el cuarto ya estaba invadido de ropa tendida del día anterior, y como la ropa no se secaba se me ocurrió ponerla sobre las lámparas, para que el calor de los focos la secara más rápido, y funcionó.

En el restaurante tuve un buen desayuno: un par de huevos estrellados con un poco de tocino, fruta y un cereal con jugo de naranja, estuvimos platicando, cosas chistosas que "el Cañas" nos contó; después de eso salimos a caminar para bajar un poco la comida pero luego de un rato yo lo que quería era ir a dormir y descansar. Regresé al hotel para dormir de 11:30 a las 14:00 y a las tres de la tarde volver a entrenar.

Esta vez entrenamos en el cuarto del hotel, movimos la cama y los muebles para crear espacio, Rómulo dijo que ya no íbamos a entrenar en otro lado, porque al parecer en el gimnasio nos estaban grabando. El entrenamiento fue ligero, únicamente sombras, cuerdas y solturas para sudar. Al terminar, bajamos al restaurante y nos encontramos con Hugo Cázares, su papá y Rodolfo, el traductor. Yo comí un salmón que estaba muy rico y cuando terminamos de comer todos se quedaron platicando un buen rato. Yo no los conocía y pues no dije nada, cuando terminaron de hablar regresamos al cuarto, "el Cañas" quería trabajar en la computadora, no pudo y yo me quería quedar ahí viendo la televisión, estaba un juego de béisbol, eran Los Gigantes de Tokio, el equipo de casa. Salimos después Roberto y yo a la tienda para comprar unas galletas que Rómulo quería y se escuchaba la porra del estadio, regresé a mi habitación a descansar, para terminar mi segunda noche en Tokio.

★ DÍA 3 ★

EN ESTE MOMENTO SON LAS 9:25 DE LA NOCHE, POR FIN LOGRÉ ENCONTRAR ALGO EN LA TELEVISIÓN QUE NO ES EN JAPONÉS, LOGRÉ ESCUCHAR ALGO DE MÚSICA EN INGLÉS, ES *JAZZ*, ESTOY EN LA HABITACIÓN TRATANDO DE SECAR ROPA PARA MAÑANA IR A CORRER, Y LA TRATO DE SECAR CON LA SECADORA DE PELO O CON EL CALOR DE LAS LÁMPARAS, EN FIN.

Desperté este día a las seis de la mañana, sin necesidad de un despertador ni de una llamada, he logrado adaptarme al horario sin dificultad. Esperé la llamada de los entrenadores para ir a correr en punto de las siete de la mañana, todos se levantaron conmigo y me acompañaron. Corrí 31 minutos y, gracias al clima, sudé muy bien, lo cual me benefició. Regresé al hotel para bañarme, cambiarme y bajar a desayunar, que para mí, es la comida más rica del día. Comí un huevo estrellado con jamón, fruta, cereal y jugo de naranja. Cuando estaba solo con Rómulo en la mesa, me preguntó cómo me sentía, si todavía sentía nervios sobre la pelea. Le contesté que ya me sentía más tranquilo y que he tratado de no pensar en eso. Como no quería hablar del tema, cambié la conversación.

Después del desayuno regresé al cuarto para dormir unas horas, ya que a la una de la tarde teníamos que ir a la comisión de box a un chequeo médico. Llegamos, nos recibieron muy amables, sin problemas me examinaron, pero me esperaban en una sala muchos reporteros y cámaras. Fue algo inesperado y abrumador, pero no le di mucha importancia, solo duró unos cuantos minutos.

Rómulo Quirarte afina detalles de la estrategia con el púgil **David "Morita" de la Mora** en el club Crea, días antes al combate contra el japonés Ryosuke Iwasa en Tokio, Japón, el 27 de octubre de 2011.

Un amigo del "Cañas" que vive aquí nos llevaría a Kiabara, un lugar donde venden muchas cosas electrónicas, pero cuando íbamos saliendo del hotel empezó a llover y así nos fuimos, no estaba lloviendo fuerte ni hacía frío, pero al cabo de media hora se soltó un aguacero con muchos truenos y lo único que compramos fueron unos paraguas. Todo lo demás estaba muy caro, y además seguí sin entender la moneda japonesa.

Ya en el hotel, me preparé para entrenar en el estacionamiento de este, y seguimos haciendo puros ejercicios de soltura, para crear sudor, un poco de manoplas ligeras con pura velocidad. Regresé al cuarto para bañarme, pesarme y cambiarme para bajar a cenar comida típica de Japón. No me agradó mucho pero me la comí, terminé y me regresé al cuarto del "Cañas", abrí mi Facebook y había muchos comentarios que decían que le echara ganas y otros que independientemente del resultado para ellos ya soy un campeón; leerlos me hicieron sentir bien. Mi ropa seguía secándose en las lámparas.

★ **DÍA 2** ★

LOS ÚLTIMOS DÍAS HAN SIDO MUY DIFÍCILES, TENGO UN AÑO QUE NO PESO 118 LIBRAS, Y CADA DÍA QUE PASA ES UN ESTRAGO POR TRATAR DE DAR ESE PESO.

Por la mañana corrí 30 minutos. Regresé al cuarto a bañarme y cambiarme, solo que esta vez no bajé al restaurante a desayunar; me quedé en el cuarto y me comí un durazno con un vaso de agua. Este día debíamos ir a la firma de contratos. Lavé alguna ropa sucia en la regadera y la colgué por todos los lugares que se podían en el cuarto, planché la ropa para el evento y estar listo a las once de la mañana. Por primera vez vería a mi rival en persona.

Llegamos al lugar, nos sentaron al "Cañas" y a mí enfrente junto a Hugo Cázares. Cuando llegó Kameda entró viéndome con cara de enojado y no me despegó la mirada. Empezó el evento, nos hicieron algunas preguntas, nos dieron a escoger los guantes que usaremos y firmamos los contratos.

Llegó la hora de las fotos frente a frente y comprobé lo que muchos japoneses me dijeron de él: Kameda es muy arrogante. Quiso intimidarme pero yo mantuve mis manos en las bolsas y me reí. Me dio risa que él creyera que con una mirada y esa actitud me iba a intimidar, se molestó y me empujó. Me dio muchísimo coraje y risa pero me detuve por Rómulo. Mañana es la ceremonia de peso y estoy seguro que hará lo mismo, pero no caeré en su juego, simplemente me burlaré de él y lo haré quedar mal ante el público y la prensa.

Después de todo el alboroto nos fuimos tranquilos a caminar, ya que no tenemos absolutamente nada que hacer, simplemente distraernos de alguna manera; regresamos al hotel para ver el campeonato mundial de atletismo y esperar a que dieran las ocho de la noche para ir al estacionamiento del hotel a entrenar, un lugar muy caliente que usamos porque nos ayuda a bajar más rápido de peso.

Trabajé puros ejercicios ligeros para sudar rápido y, después de un entrenamiento muy agotador, regresé al cuarto para bañarme y pesarme. Estaba una libra arriba de peso. Sería una noche larga, pues tenía que abstenerme de tomar agua o comer algo, para esperar que esa libra la pudiera bajar sólo durmiendo y no tener que hacer ejercicio en la mañana. El pesaje será al mediodía y el tiempo se me haría muy lento y muy largo, pero ese es uno de los precios que hay que pagar.

★ DÍA 1. EL PESAJE ★

DESPERTÉ A LAS CINCO DE LA MAÑANA CON HAMBRE Y MUCHA SED. Hoy sería una de las pruebas más difíciles: el peso.

Me di cuenta que me faltaba media libra por bajar. Estaba cansado, enfadado, deshidratado, sin ganas de hacer nada. Pero tenía que seguir entrenando para bajar de peso.

A las 7:30 de la mañana el equipo me acompañó al estacionamiento para correr por última vez y bajar esa media libra de más. Creo que mi cara expresaba dolor y agotamiento cuando comencé mi carrera. El lugar era muy caliente, sofocante, mi saliva era espuma blanca, ya no quería hacer nada.

A los 15 minutos que tenía corriendo, "Cañas" tiró sus sandalias a un lado y, descalzo en el piso caliente, me acompañó en la corrida para motivarme. Pensé que solo lo haría por dos o tres vueltas y le dije que parara, que se iba a lastimar. Me dijo que yo lo valía. Entonces me quedé callado y pensé: *venimos de muy lejos y el esfuerzo que se ha hecho —no solo en unos meses, en años— que se vaya a la basura por media libra*, dije no, corrí media hora y terminé media libra debajo del peso. No podía arriesgarme, no tenía que tomar nada hasta después del peso.

Sentía mi cuerpo que ardía. Me bañé con agua fría y no me podía calmar, mojé una toalla con agua y hielos, me eché el agua con hielos y la sensación seguía.

Salimos a caminar para distraerme un poco, pero eso no quitaba de mi mente la sed. A las once de la mañana llegaron por nosotros para llevarnos al pesaje, ya quería que pasara todo, me hicieron el chequeo médico y después la ceremonia de peso. Mi rival y yo cumplimos, entonces ya podía tomar y comer de todo. Cuando le di el primer trago al jugo supe que ya había pasado lo difícil y únicamente seguía la pelea.

Kameda se portó igual que ayer, me quiso intimidar, pero no caí en su juego, él cayó en el mío, me burlé de él y se enojó, me empujó e hizo un *show* pero lo ignoré. Me entrevistaron varios reporteros y uno de ellos me preguntó qué pensaba de Kameda, le contesté que era un payaso, que este es un

> "EL PESAJE SERÁ AL MEDIODÍA Y EL TIEMPO SE ME HARÍA MUY LENTO Y MUY LARGO, PERO ESE ES UNO DE LOS PRECIOS QUE HAY QUE PAGAR."

> "SENTÍA MI CUERPO QUE ARDÍA. ME BAÑÉ CON AGUA FRÍA Y NO ME PODÍA CALMAR, MOJÉ UNA TOALLA CON AGUA Y HIELOS, ME ECHÉ EL AGUA CON HIELOS Y LA SENSACIÓN SEGUÍA."

deporte de hombres, que si quería hacer payasadas se fuera a un circo, yo no me presto para esas cosas. Otro reportero me dijo que por qué estaba tan sonriente, que siempre que me veían estaba sonriendo, le dije que solo disfrutaba ese momento porque mañana no habría otro igual.

De vuelta al hotel nos fuimos a comer pizza y todo lo que pudiera comer durante el día, que fue demasiado y ya estaba rehidratado. Volví a la vida y comencé a bromear de nuevo, para pasarme así todo el día.

Mañana me esperaría uno de los días más importantes de mi vida. Terminé este día acostado en la habitación, pensando que el boxeo no es nada fácil, si alguien piensa que lo es que lo intente, le deseo buena suerte.

★ DÍA 0. LA PELEA ★

DESPERTÉ A LAS NUEVE DE LA MAÑANA, UNA HORA ANTES DE QUE CERRARAN EL COMEDOR, ASÍ QUE ME APURÉ Y BAJÉ A DESAYUNAR. Después salimos a caminar y regresamos al hotel. No sentía nervios, estaba a gusto, como si ya hubiera pasado la pelea.

Volví a descansar, puse la televisión, vimos el mundial de atletismo, que era lo que había visto en mi estancia en Japón. Luego me puse a lavar ropa, me acosté todavía una hora y luego fuimos a comer pizza, donde nos reímos mucho porque don Rómulo se enojaba porque no encontró en todo el tiempo que estuvimos en Japón una comida que le gustaba, se enojaba porque hasta la Coca-Cola no le sabía igual.

Después de ahí salimos a caminar otro rato. No platicábamos de la pelea, sino de cualquier otra cosa, cosas chistosas. Regresamos al hotel, yo me fui al cuarto a arreglar mis cosas. Al rato llegó un amigo del "Cañas", Mario, acompañado de un pastor cristiano brasileño.

Ya estábamos listos para irnos a la arena. Siempre antes de una pelea don Rómulo hace una oración, pero en esta ocasión el pastor en portugués rezó y habló de David y Goliat. Se escuchaba bien curado, se sentía bien el ambiente y el apoyo.

Nos llevaron a la arena, eran las cinco de la tarde, había cámaras afuera, yo sonreía y saludaba. Llegamos a la arena, Mario traía una bandera de México y la colgó en el vestidor. Ahí estuvimos hasta que empezó la pelea, a pesar de que no me gusta estar encerrado antes de una pelea, pero nos pidieron que estuviera solo ahí. En el vestidor vimos por televisión el mundial de atletismo y después pasaron la pelea de Hugo Cázares.

Llegó la hora de calentar en el vestidor y don Rómulo daba motivación, qué es lo que teníamos que hacer, pero noté que estaba él muy nervioso. Creo que fue porque don Rómulo ha visto mi crecimiento, llegué con él a su gimnasio a los 12 años. De tan nervioso que estaba que me hablaba como enojado, golpeado. Pero no me contagió su nervio, incluso yo lo tranquilicé, le dije que sabía lo que tenía que hacer.

Salimos del vestidor pero nos hicieron esperar en el pasillo mientras cantaban los himnos de México y Japón. Lo canté, y mientras pensaba en todo lo que había pasado previo a esta pelea. Desde donde estaba ya veía el público, me dijeron que eran como 9000 personas, pero había un silencio absoluto, solo se escuchaba el anunciador.

De pronto se abrió la reja que habían puesto, prendieron las luces azules, salió humo, la música se escuchó fuerte y comenzamos a caminar hacia el *ring*. Me habían dicho que orara en una esquina del *ring*, los organizadores querían que lo hiciera, pero yo me paré abajo del *ring*, subí como acostumbro, brincando las cuerdas. La gente estaba callada, no se enojó ni silbó ni se alegró, solo se quedó en silencio. Me inquietó un poco, pero ya me habían contado que allá la gente es así, solo aplaude. Yo estaba concentrado. Nada me daba miedo en ese momento.

Salió Kameda después con humo y luces, lo acompañaban unas muchachas. Él sí oró en una esquina del *ring* y al final gritó. Dio una vuelta al *ring* y no me volteó a ver. Nos presentaron y la gente nos aplaudió. Cuando nos pusieron en el centro del *ring* chocamos los guantes, él acostumbra a chocarlos fuerte, pero conmigo no lo hizo.

Empezó la pelea. El primer *round* supe que lo perdí, fue un *round* de estudio, no hubo muchos golpes, pero él me conectó dos o tres golpes claros. El segundo fue más parejo pero también supe que lo perdí. El tercero lo iba ganando, estaba entrando con rapidez, entraba y salía y regresaba a tirar otra combinación. Pero llegó un golpe esperado por

> "HUGO CÁZARES Y EL 'KOCHULITO' MONTIEL ME DIJERON QUE NO ME HABÍAN VISTO PELEAR NUNCA Y QUE NO ESPERABAN ESA PELEA QUE DI. PARA ELLOS YO HABÍA GANADO."

él, un gancho de izquierda, me agarró tirando un *upper*, y me fui a la lona. Sentí que no me lastimó, me levanté de inmediato, seguí la pelea, él se dejó ir, pero logré resolverlo. Llegué a la esquina, no me sentía mal, el "Cañas" me dijo: "Ese *round* lo estábamos ganando de calle". Rómulo me dijo que si le había sentido la pegada, me dijo que lo boxeara, que él iba a esperar solo un golpe. Y así fue prácticamente toda la pelea. Me tiraba un golpe, no me tiraba combinaciones.

Del cuarto *round* al séptimo siento que yo le gané. Los guantes de ocho onzas que traía no los sentía pesados. Él tiraba tres o cuatro golpes en todo el *round*, sin combinar, pero entraba claro. Yo le daba como cinco golpes por cada uno que él me tiraba.

En cada golpe que me conectaba, la gente aplaudía, pero en los golpes que yo le daba había silencios. Él tenía un corte en la ceja izquierda. Yo estaba poniendo el ritmo en la pelea. No recuerdo bien, creo que era el séptimo *round*, cuando comencé a sentir cansancio, aunque eran más producto de los golpes bajos que me pegó.

En el último *round* me fui por todo, yo tiré muchos golpes como durante un minuto y medio, sentía que era mía ya la pelea, pero me cansé. Él le dio vuelta a ese *round* durante el siguiente minuto y medio, me llevó contra las cuerdas y conectaba golpes efectivos, hasta que terminamos chocando las cabezas y me abrió una cortada debajo de la ceja izquierda.

Terminó la pelea, la gente aplaudió. En la esquina del japonés vi que subió Fernando "Kochulito" Montiel. Supe que los jueces le iban a dar la pelea a Kameda a pesar de que yo sentía que había ganado. Por la fama que tienen allá, tienes que noquear para ganar. El anunciador leyó las tarjetas en japonés, así que no entendí, pero supe que perdí por la reacción de la gente. Después me enteré que los jueces marcaron 113-114, 113-115 y 112-115, todas a favor de Kameda. "Cañas" pidió ver las tarjetas, pero no se las dejaron ver hasta media hora después. Uno de los jueces borró en el cuarto *round* 10-9 a mi favor y puso 9-10 debajo del cuadro donde debería ir. Rómulo no quedó satisfecho con la decisión. "Cañas" reclamó lo de las tarjetas. Ellos piensan que yo gané. Yo salí decepcionado por la decisión, pero no por mi desempeño.

Cuando iba al vestidor unos americanos me gritaron *"great fight"*, *"you win"*. Ya en el vestidor había mucha prensa esperándome. Yo me sentía bien, a gusto con mi trabajo. Me hicieron el *antidoping* y después fui con la prensa. Me preguntaron lo de rutina. Yo les dije que creía que la pelea iba a ser más difícil, les dije que quería la revancha, pero que sabía que no me la iban a dar por la pelea que había dado y porque él es el protegido. Su papá fue el promotor de la pelea.

Hugo Cázares y el "Kochulito" Montiel me dijeron que no me habían visto pelear nunca y que no esperaban esa pelea que di. Para ellos yo había ganado.

Regresamos al hotel, no me sentía triste ni defraudado conmigo, creía que había trabajado bien para ganar. Fuimos a cenar pizzas. No me dolía nada en ese momento, ni la cabeza ni el cuerpo. Por la noche me conecté por Facebook con algunos amigos, muchos estaban esperando la pelea, se desvelaron porque supuestamente pasaría en Tijuana a las cuatro de la mañana.

Eran como las diez de la noche y fui a llamar a mis papás en Tijuana. Contestó mi papá, eran como las cinco de la mañana. Le dije: misión fallida. "Sí, ya sé, me habló el 'Cuate', ni modo, no te preocupes, ahí viene la otra", me dijo. Le comenté que no estaba triste, porque la gente no esperaba que diera esa pelea. Hablamos poco porque la tarjeta de 20 dólares duraba cinco minutos.

Regresé al cuarto y pensé que la pelea que acababa de hacer era un arma de dos filos, tal vez peleadores de renombre ya no quieran pelear conmigo porque me vean peligroso. Estuve platicando como hasta la una de la mañana con Mario, el amigo del "Cañas", que se quedó a dormir en el cuarto. Me platicó de cómo conoció a su mujer y de otras historias. Yo me quedé profundamente dormido.

Kameda tumba al **"Morita"** en el primer *round*. El tijuanense se recuperaría y daría batalla pero no le alcanzó para convencer a los jueces.

ROUND 6
DOS HISTORIAS DE PUGILISMO CERCA DE LA FRONTERA

El campeón de los pesos completos, **Muhammad Alí,** muestra el premio Hickory que recibió en Nueva York el martes 14 de enero de 1975, tras ser nombrado El Atleta del Año 1974 por periodistas deportivos ★ pp. 226-227 El tijuanense **José "el Tigre" Cayetano** celebra su triunfo tras noquear en el segundo round a **Jesús Navarro,** de Mexicali, ante el réferi Juan Morales Lee la noche del 27 de agosto de 2010 en el Auditorio Municipal de Tijuana.

ALÍ Y LOS MORTALES

MUHAMMAD ALÍ INGRESÓ A LA ARENA DEL STAPLES CENTER DE LOS ÁNGELES AL FILO DE LAS 7:30 DE LA NOCHE JUSTO CUANDO ACABABA DE EMPEZAR EL CUARTO ROUND DEL COMBATE ENTRE DIEGO "EL CHICO" CORRALES Y JUSTIN JUUKO.

LA GENTE SE DIO CUENTA PORQUE UNA DE LAS ESQUINAS DE LA ARENA SE ILUMINÓ CON CIENTOS DE FLASHES DE CÁMARAS Y CADA VEZ LAS LUCES CRECÍAN MÁS Y MÁS. Era como si alguien del cielo bajara a ver qué ha pasado en el boxeo últimamente.

Entonces el espectáculo dejó de estar arriba del *ring* o en el eterno rostro enloquecido de Jack Nicholson o en la belleza de Salma Hayek, quienes estaban en las primeras filas entre una veintena de estrellas de Hollywood que la cámara del foro tomaba y reproducía en las pantallas gigantes.

Se puede decir que 40 000 pares de ojos —uno de los pequeños inconvenientes de la historia moderna estriba en que nadie es capaz de contar con precisión una multitud, pero en los foros ya sabemos dónde radica la precisión, aun si ingresa algún tuerto— voltearon a ver a Alí, quien caminaba por el pasillo central de la mano de su hija Laila.

Como si se tratara de un actor o cineasta homenajeado en una entrega del Óscar, el público de inmediato se puso de pie y comenzó a aplaudir. El atleta más grande del siglo XX, ligeramente encorvado y tembloroso por la enfermedad de Parkinson, alzó su brazo derecho y esbozó una ligera sonrisa como si comprendiera perfectamente que la vida es una serie de momentos —muchas veces sin relación o relevancia entre ellos— donde permanecen los instantes que fuimos felices.

La gente pasó del aplauso al grito unísono de ¡Alí!, ¡Alí!, ¡Alí! como si estuviera a punto de contender contra Joe Frazier, Charles "Sonny" Liston o el cincuentón George Foreman, apenas tres años atrás retirado y quien se encontraba cerca del *ring* comentando la pelea del "Chico" Corrales.

"Que este cuerpo sólido, demasiado sólido, no puede disolverse en rocío", dice Hamlet en su monólogo. Así la leyenda de Alí, imposible que se desvanezca, imposible, más aún, en el efímero mundo del *pop* adonde curiosamente esa noche Alí fue invitado por su antiguo promotor, Bob Arum, presidente de Top Rank, para observar al máximo representante del "boxeo *pop*" del momento: Óscar de la Hoya, quien pelearía ante *"Sugar"* Shane Mosley.

> **LE GANÓ A FOREMAN EN LA PELEA DEL SIGLO QUE EL PROMOTOR DON KING HIZO EN 1974 EN EL CONGO, ÁFRICA.**

Alí continuó lentamente su paso hasta su asiento, ¿qué otro paso tendría un gigante que a cuestas lleva una leyenda tan grande? Sí, un hombre con esa historia debe caminar despacio, que no se confundan los aficionados creyendo que se trata por su enfermedad.

Muhammad sabe que, más que el genio de su boxeo, lo único de importancia realmente en la historia del ser humano fue el descubrimiento de las palabras. Y él las usó, ¡vaya si las usó! No solo tuvo palabras para avivar el coraje de un rival o con ellas llenar estadios, también escribió discursos, alabanzas y poemas como los siguientes versos: "Las palabras de la verdad son conmovedoras, / La voz de la verdad es profunda, / La ley de la verdad es sencilla. / En tu alma cosecharás los frutos [...]", escritos en el verano de 1974.

Cuando Muhammad Alí llegó por fin a su asiento ya nadie recordaba quiénes eran los que peleaban en el cuadrilátero o en qué *round* iban, solo había memoria para el héroe que hizo su entrada en medio del combate a semejanza de un matador de toros que esperó a que dieran las cuatro de la tarde para partir plaza y escuchar a la multitud.

Flotaba en el ambiente la historia que padres y abuelos aficionados al boxeo repetían cada vez que observaban a Alí por televisión o en un cartel: "Se llamaba Cassios Clay, pero se lo cambió porque no quiso heredar el nombre de un esclavo"; "fue el más grande de todos los tiempos", "se negó a ir a la guerra del Vietnam y le quitaron su título mundial", "argumentó para no ir a la guerra que ningún miembro del Vietcong le había llamado 'negrito'", "dejó de pelear por tres años cuando le quitaron su campeonato", "en su carrera hizo 61 peleas, ganó 56 —37 de ellas por nocaut— y tuvo cinco derrotas, todas por decisión", "le ganó a Foreman en la pelea del siglo que el promotor Don King hizo en 1974 en El Congo, África", "baila como una mariposa y pica como una abeja", "pronosticaba el *round* en que terminaría sus peleas", "fue un activista social", "encendió el pebetero en los Juegos Olímpicos de Atlanta 1996"...

¿Había alguno de los 20 000 aficionados de esa noche en el Staples Center que ignorara quién era ese hombre?

Laila Alí le señaló a su padre los asientos que les habían asignado y antes de sentarse, Muhammad miró a su hija no como un patriarca sino como un hijo que agradece a su madre, a las madres negras de Louisville, Kentucky, donde nació y creció y donde, según la historia, las mujeres se aferraban a la vida llorando y gritando continuamente a sus hijos y a aquella ola de hombres miserables, discriminados y adictos, porque si no se perderían o evaporizarían como borrachos que después de salir de un bar se caen en un agujero del alcantarillado.

Luego que Alí se sentó todo pasó muy rápido. Los que estaban en el *ring* (¿quiénes eran?) bajaron, un aficionado comentó que había ganado el que apodan "el Chico". Después se apagaron todas las luces de la arena y entre abucheos, música *hip hop* y luces multicolores que saltaban de un túnel apareció primero Shane Mosley y después, cortando de tajo el *rap* y los silbidos del público, entró Óscar de la Hoya con música de violines de un mariachi.

El combate duró doce *rounds*, es decir, 48 minutos, pero a pocos les pareció que hubiera pasado tanto tiempo ahí. Había sido una contienda emocionante. Mosley lució muy veloz, combinando magníficamente y se había llevado la pelea con pura velocidad. Por primera vez De la Hoya —la máxima estrella del boxeo mundial— perdía claramente un combate, no como había sido con "Tito" Trinidad hacía un año.

> **ALÍ SABE QUE, MÁS QUE EL GENIO DE SU BOXEO, LO ÚNICO DE IMPORTANCIA REALMENTE EN LA HISTORIA DEL SER HUMANO FUE EL DESCUBRIMIENTO DE LAS PALABRAS.**

Muhammad Alí aprovechó el desconcierto del público para salir de escena. Su semblante era serio, parecía pensar lo que Nietzsche escribió: "Es en el desierto donde han vivido siempre los verídicos". No porque creyera amenazada su leyenda, de hecho, le pasaba lo mismo que a Pelé cuando este veía jugar al inglés David Beckham. La fama de De la Hoya y Beckham no correspondía con lo que hacían respectivamente dentro de un *ring* o en un campo de futbol sino con su atractivo físico, ese porte de estrellas de cine o de la música, y con dueños de marcas de ropa y accesorios dispuestos a explotarlos en un mundo que ansía consumir y desechar luego.

Lo que parecía sentir Alí simplemente era una confirmación de lo solo que se encuentra un genio del boxeo que peleó en una época donde se le llamaba campeón mundial a aquel que le ganaba a todos. Solo había un organismo de box y no había tiempo de administrar a ningún púgil eligiendo con quién pelearlo o con quién no.

Laila iba abrazada amorosamente de su padre y caminaban hacia un pasillo que conducía a la sala de prensa, donde unos 300 periodistas de todo el mundo ya esperaban las primeras palabras de Óscar de la Hoya tras su derrota.

Un empleado de Top Rank se acercó a Laila y le susurró algo al oído, entonces ella pidió a su padre que se detuvieran un momento. Cientos de personas los observaban con la misma curiosidad que un científico observa una célula en el microscopio.

Nervioso y titubeante un joven reportero caminó hacia a Alí. Antes de llegar a él prendió su grabadora, cualquiera que fueran sus respuestas, incluso si no contestaba nada, le quedarían para siempre. Bien después pudiera presumirle a sus amigos: "Escuchen aquí, este es el silencio de Alí".

Se acercó a un metro de Muhammad y quedó pasmado, no era lo mismo haber visto sus peleas por televisión o sus retratos en múltiples revistas que verlo en directo. Era más alto de lo que imaginaba, alrededor de 1.90 metros, y su porte, aún con su enfermedad visible, era orgulloso y hasta engreído. Además la pose de Laila, como una princesa con la mejilla en el hombro de su padre, parecía resaltar más la distancia entre el rey y los mortales. Tal vez aquí los antiguos cronistas hubieran escrito algo así como: "Entonces los suspiros de las mujeres se hicieron perceptibles y los hombres bajaron su mirada al recordar de nuevo su poco valor".

El joven reportero calmó sus nervios y pidió por fin a Alí si le permitía hacerle un par de preguntas. Alí no respondió pero sostuvo su mirada.

—¿Qué opina de que su hija decidiera ser boxeadora?

—No fue mi deseo que ella se convirtiera en boxeadora, pero ella lo decidió y... Ella tiene sangre de campeona —dijo Alí con una voz apenas audible.

—¿Cuál es el momento más memorable que tiene del boxeo o de la vida? (*Era la típica pregunta que periodistas hacen esperando que su interlocutor explique toda su historia y se alargue la conversación lo más posible pretendiendo además arrancarle algo que jamás ha dicho; sin embargo, la mente aún ágil de Alí lo despachó enseguida*).

—Cuando noqueé a "Sonny" Liston en el séptimo *round* para ganar el campeonato en 1964 y también cuando nació mi hija.

Laila sonrió cuando escuchó eso pero también aprovechó para decirle a su padre que ya habían llegado por ellos y tenían que irse. Un par de guardaespaldas los franquearon y se perdieron por otro pasillo.

El *ring* estaba vacío y la gente comenzaba a abandonar la arena. Las luces se apagaron y se encendieron de inmediato. El reportero comprendió de pronto por qué los antiguos hablaban de gigantes y monstruos míticos durante años, siglos.

LOS ÁNGELES, CALIFORNIA, JUNIO DE 2000

La entrada espectacular al *ring* del púgil inglés-yemení **Naseem Hamed, "Príncipe"**, la noche del 7 de abril de 2001, cuando enfrentó en Las Vegas, Nevada, al mexicano **Marco Antonio Barrera** por el campeonato de peso pluma de la OIB.

UN MEXICANO DERROTA A UN "PRÍNCIPE"

ESTA NOCHE SE SIENTE SOLO, MUY SOLO, NASEEM HAMED, UN INGLÉS DE ORIGEN YEMENÍ CONOCIDO COMO "PRÍNCIPE" DESDE QUE EN 1999 RECIBIÓ LA DISTINCIÓN DE MIEMBRO DE LA ORDEN DEL IMPERIO BRITÁNICO.

ESTA VEZ NO HUBO DISPAROS AL AIRE EN YEMEN. Su "Príncipe" cayó por primera vez en 36 combates que llevaba en 27 años de vida.

Tampoco recibió la llamada del presidente yemení Alí Abdalá Saleh ni de otros altos funcionarios de la península árabe, como acostumbraban hacerlo luego que salía victorioso de una contienda y aún tenía a su rival en la lona.

Esta noche se siente solo, muy solo, Naseem Hamed, un inglés de origen yemení conocido como "Príncipe" desde que en 1999 recibió la distinción de Miembro de la Orden del Imperio Británico.

Sonríe a las cámaras con su ojo derecho amoratado, pero su mueca no refleja alegría. Está triste, confundido, se siente ahogado, como si la derrota también significara el final de su carrera o al menos del plan que se había trazado en el pugilismo profesional.

Sabe las críticas que le esperan. Su singular estilo —pelear con la guardia baja y bailar todo el tiempo ante el rival— le ha traído miles de adeptos, pero también muchos enemigos.

Nada menos, camino al salón de conferencias, escuché comentar a dos periodistas ingleses: "El 'Príncipe' realmente lució como un indigente"; "sí, le patearon duro el trasero".

Hace 35 minutos, Marco Antonio Barrera lo derrotó por decisión unánime en la arena del hotel y casino MGM Grand de Las Vegas, Nevada.

Esta victoria ha convertido de inmediato al mexicano en una estrella mundial del boxeo. Aunque ahora, que está sentado frente a la mesa para ofrecer una conferencia de prensa junto a Hamed, más bien parece un hombre hogareño que ha tenido una jornada agobiante y solo quiere llegar a casa, abrazar a sus hijos, besar a su esposa, cenar cualquier cosa e irse a descansar a la cama.

Todavía aquí adentro del salón se escucha una tradicional canción mexicana que viene de la arena atravesando varias paredes. Un grupo de paisanos con dos o tres o seis cervezas en sus estómagos entonan, en son de burla para el "Príncipe" y para orgullo de Barrera: "¡Ay!, ¡ay!, ¡ay!, ¡ay!, ¡canta y no

> **NASEEM HAMED HABÍA CALIFICADO ESTE COMBATE COMO EL MÁS IMPORTANTE DE SU CARRERA. PRONOSTICÓ, CON SU FALTA DE MODESTIA, QUE SERÍA LA PELEA MÁS GRANDE DEL SIGLO XXI.**

llores! / porque cantando se alegran, / cielito lindo, los corazones. […]".

"Dios dispuso que hoy perdiera", dice con su voz delicada, un tanto afeminada y duro acento británico, Hamed, todavía con aires de grandeza al abrir el diálogo con periodistas de todo el mundo.

"Barrera es un gran peleador. Traté de seguir mi estilo pero él fue mejor", agrega. "Sus golpes nunca me afectaron del todo, pero fue más contundente. Había dicho que quería pelear con el mejor y lo han visto".

El mexicano no oculta su emoción. El año pasado dividió al país cuando enfrentó —también en Las Vegas— al tijuanense Érik "el Terrible" Morales en un combate sangriento y espectacular que perdió oficialmente por decisión dividida, pero que en el ánimo popular dejó una división de opiniones que ambos peleadores alimentaban con declaraciones hirientes uno sobre el otro. En todo caso esa es la naturaleza del boxeo.

Pero ahora Marco Antonio Barrera tiene la unanimidad de la crítica mundial, que ahí mismo, en la conferencia, le repite que es el mejor peleador de peso pluma (126 libras) del mundo. Esa fama llegará mañana a todo el país y ahora sí será el *Campeón sin corona*.

"Mis entrenadores me cambiaron mi estilo para presionar durante toda la pelea a Hamed. Siempre sentí que tenía la pelea segura y que en ningún momento él podría tirarme. Ahora pienso que la gente cree en mí", dice Barrera.

> **"YO SOY EMOCIÓN Y DRAMATISMO PURO EN UNA SOLA PERSONA. EL BOXEO NECESITA UNA PELEA COMO ÉSTA. ESTOY PREPARADO PARA DESTROZAR A BARRERA. SERÉ TOTALMENTE DEVASTADOR." NASEEM HAMED**

Naseem Hamed había calificado este combate como el más importante de su carrera. Pronosticó, con su falta de modestia, que sería la pelea más grande del siglo XXI. Se había enfrentado antes a 35 rivales y a 31 de ellos los había noqueado. Sus contiendas habían sido en Nueva York, Atlantic City, Detroit, Londres, Manchester, Escocia y Liverpool, pero se habían transmitido en vivo a más de 120 países. En Yemen, el país de sus padres y abuelos, celebraban sus triunfos de héroe nacional con ráfagas de tiros al aire.

Contra Barrera era su primer embate en Las Vegas.

Dos días antes de la pelea contra el mexicano, Hamed me dijo mientras paseaba con su séquito por los pasillos del casino: "Yo soy emoción y dramatismo puro en una sola persona. El boxeo necesita una pelea como esta. Estoy preparado para destrozar a Barrera. Seré totalmente devastador".

Sus palabras, como las de su admirado Muhammad Alí, tenían giros insospechados y metáforas raramente escuchadas en un boxeador. Parecían salir de un sultán de *Las mil y una noches*. No solamente Hamed era un heterodoxo del boxeo, también su habla.

Para entrar al *ring* e impresionar en Las Vegas —una ciudad que parece haber visto todo en cuanto a espectáculo— entró subido en un aro que lo transportó hasta el *ring* seguido de luces pirotécnicas ante 12 847 espectadores en la arena que lo vitoreaban. Uno de ellos, que tenía poca sed, aventó su vaso de cerveza a Hamed, quien, sin embargo, no interrumpió su *show* circense.

Ese preámbulo pareció sellar el futuro del "Príncipe". Cuando llegó al cuadrilátero no pudo realizar su tradicional maroma en las cuerdas, siguió de largo creyendo que todo eran casualidades, que todo iba bien, sin saber que muchas veces creemos caminar de la forma más normal por este mundo, con la cabeza ocupada por las noticias del periódico, el ruido de la ciudad y palabras tristes, con boletos de

Barrera conecta su derecha en la mandíbula del **"Príncipe" Hamed** la noche del 7 de abril de 2001 en Las Vegas, Nevada.

cine en la bolsa, hebras de tabaco en los bolsillos y a la espera de un buen concierto. Nos damos cuenta de repente de que hace largo rato que hemos ido en realidad a otro sitio, que no nos encontramos donde debían llevarnos nuestros pasos.

La campana anunció el primer *round* y de las esquinas salieron dos mundos, dos idiomas, dos estilos, dos dramas. Barrera con un pantaloncillo y zapatillas azules y plateadas como un homenaje a los enmascarados más famosos de México: Santo y *Blue Demon*. De su cuerpo técnico colgaban Rosarios e imágenes de la Virgen de Guadalupe. Mientras Hamed traía un exótico pantaloncillo atigrado con zapatillas negras. En el reverso de su ropa la palabra ISLAM (*no hay más Dios que Alá y Mahoma es su mensajero*).

Un día antes, luego que los boxeadores se pesaran, Barrera declaró: "No creo que Hamed haya peleado con un boxeador mexicano que lo presione como yo lo haré. He peleado con muchos boxeadores de gran pegada y me han derribado apenas tres veces en 54 peleas. Tengo más nocauts (38) que él tiene de contiendas. Estoy preparado para ganar y tengo una confianza suprema".

Ahora en el *ring* no eran "Príncipe" y "Plebeyo". Eran dos boxeadores de 27 años que conocían desde su infancia este deporte y que ya habían llegado a ser campeones mundiales. Esta vez se enfrentaban a doce *rounds* teniendo de por medio un título *fantasma* que pocos habían escuchado antes (el cinturón de la Organización Internacional de Boxeo [OIB]) y que a ellos poco les importaba en realidad.

> **LA CAMPANA ANUNCIÓ EL PRIMER ROUND Y DE LAS ESQUINAS SALIERON DOS MUNDOS, DOS IDIOMAS, DOS ESTILOS, DOS DRAMAS.**

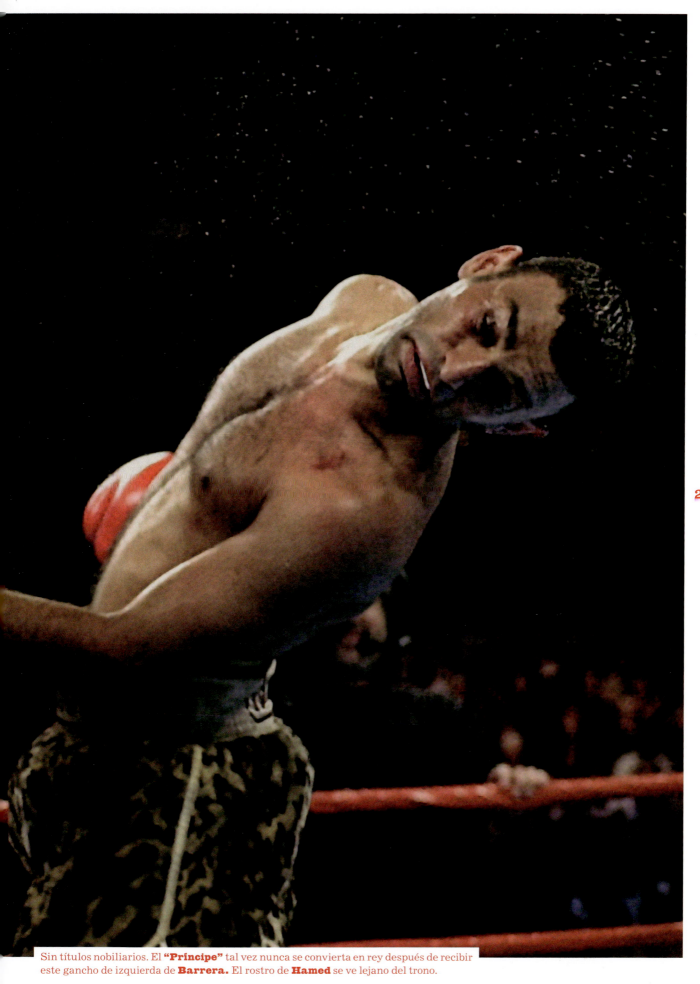

Sin títulos nobiliarios. El **"Príncipe"** tal vez nunca se convierta en rey después de recibir este gancho de izquierda de **Barrera.** El rostro de **Hamed** se ve lejano del trono.

> **ÉRIK MORALES DEBUTÓ EN EL BOXEO DE PAGA EN ESTA FRONTERA, EL 29 DE MARZO DE 1993, NOQUEANDO EN DOS ROUNDS A JOSÉ OREJEL; TENÍA 17 AÑOS Y HABÍA OLIDO EL BOXEO DESDE QUE TENÍA USO DE RAZÓN.**

Tal como lo había declarado, Barrera comenzó a presionar al inglés-yemení desde los primeros minutos. Siempre con su guardia arriba y yendo hacia enfrente, esperando que el extravagante "Príncipe" lanzara sus golpes sorpresivos para luego él entrar con *jabs* y *uppercuts*. El mexicano estaba acostumbrado a la tortura, recibir los latigazos del enemigo, aguantar, y luego, con gran fuerza, arrojar todo su repertorio como un kamikaze.

Hamed parecía sobrado de confianza, como una fiera que quiere jugar con su presa antes de devorarla; lanzaba primero su puño derecho buscando el rostro de su oponente y luego su golpe de izquierda salido de la tierra; Barrera se movía, aprovechaba los amplios espacios que le dejaba el "Príncipe" y conectaba veloz sus puños sin mucha fuerza, pero que le servían para aumentar su moral.

Los *rounds* de la primera mitad del combate así transcurrieron, en el centro del cuadrilátero, rara vez arrinconándose, midiendo cada uno el poder del otro, observándose con respeto. Siguiendo paso a paso el camino de un mapa trazado, sin permitirse atajos o desvíos. Incluso la risa de Hamed, que parecía decir a su oponente: "Eso es todo lo que traes", y la paciencia de Barrera, sin descontrolarse, sereno ante las mofas, pensando: *Ya verás, solo espérate un poquito.*

Sin embargo, como si después del séptimo *round* un santo le hubiera guiñado el ojo, Barrera empezó a meter sus puñetazos como dardos, de pronto entraban al rostro, a los hombros o al hígado del "Príncipe", quien a pesar de todo no subía su guardia y seguía poniendo toda su fe en su *jab* de derecha que semejaba un zarpazo de felino, que, si lo conectaba, lanzaba su izquierda desde abajo, como garfio.

No era un combate sangriento, de esos que las mujeres suelen ver de reojo y exclaman ¡Dios míos! a cada rato; parecía más bien una lucha técnica donde predominaba la razón sobre el sentimiento. Los púgiles no se dejaban llevar por sus locuras, controlaban su adrenalina, solo esperaban, esperaban.

En el episodio nueve el mexicano se llenó de confianza y sorprendió con un volado de izquierda a su oponente que remató con un *upper*. El cuerpo del "Príncipe" se balanceaba como un títere y ya no volvía a sonreír, aquello no le divertía más. Pretendía meter sus golpes circenses, embestía como un toro, pero Barrera —como el mejor de los toreros— *muleteaba*, siempre con sus guantes a la altura de su cabeza y los codos contra las costillas.

Para el décimo *round* se advirtió la desesperación del "Príncipe", en su esquina le habían dicho que las cosas no iban bien, que tenía que presionar. Eso, para cualquier alteza que jamás ha cargado un costal de cemento o ha preparado su propio desayuno, pesa mucho. Lo único que provocó fue la impaciencia de Hamed, un impulso a darlo todo sin medir las consecuencias, pues probó seis de sus mejores golpes rectos, raros, efectivos, y luego se movió como serpiente por el cuadrilátero; sin embargo, Barrera era uno de esos magos ilusionistas que parecen estar ahora aquí y después allá. Contragolpeaba tirando ganchos al hígado vibrantes y demoledores que conseguían parar en seco los zigzagueantes movimientos de su oponente.

En las gradas, la gente —mayoritariamente europea y estadounidense— gritaba el nombre de Hamed, pero este no se alimentaba de las voces, de las palabras que mezclaba para formar figuras retóricas cuando daba entrevistas. Por primera vez su estilo no funcionaba, paradójicamente frente a un peleador clásico a quien por lógica le debería adivinar sus golpes.

En los dos últimos episodios ya se sabía que la leyenda del "Príncipe" había terminado, como el final de esos cuentos tradicionales que desde la primera frase sabemos en qué concluirán. Barrera, quien siempre mantuvo su cara de santo (o como la prensa estadounidense lo bautizó: "*Baby Faced Assassin*") durante los días previos al combate sin echar

El "Príncipe" y "El niño con cara de asesino".
Ambos casi en la lona, aun así no dejan de mirarse.

bravatas, hacía válida la sentencia de Kierkegaard: "Cuando nos sentimos más santos, podríamos estar trabajando para el demonio".

El mexicano vapuleaba al inglés-yemení con una feria de golpes que lucían más impactantes, pues Barrera castigaba el cuerpo de Hamed justo cuando este pretendía escabullirse, así que en ocasiones resultaban caricaturescos, como si Marco Antonio tuviera la fuerza para levantarlo de un golpe y mandarlo hasta la primera fila. La confianza y dominio del boxeador mexicano llegó a tanto que hasta le practicó una llave en una de las esquinas —que le costó un punto— como si quisiera mandar un mensaje a los luchadores que recordaba con los colores de su ropa.

Había sido una pelea emocionante pese a que ninguno había caído a la lona, un drama que suele emocionar incluso al más santo. Al término prevalecían los gritos ¡México!, ¡México!, ¡México!, ante la aceptación de la derrota preanunciada en la esquina del inglés-yemení.

A menudo uno es consciente de su propia condición espiritual a través del aroma propio. Del mismo modo, cuando uno entra a una casa, se puede percibir la felicidad o la desdicha de su gente por el aroma que uno encuentra. Ahí en el *ring*, de esquina a esquina, estaban esos olores.

Ahora, durante la conferencia de prensa, Naseem Hamed dice que le gustaría enfrentar de nuevo a Barrera y aún no a Érik Morales, el otro púgil mexicano considerado uno de los mejores libra por libra del mundo. Asegura que regresará pronto, solo tomará unas vacaciones. En su semblante, sin embargo, hay una lectura distinta, como si estuviera diciendo: "Una vez que sientes este tipo de pesar, esta derrota, nada volverá a ser tan malo otra vez. Nunca tan malo otra vez".

LAS VEGAS, NEVADA, ABRIL DE 2001

Los contrastes del boxeo: la derrota y el triunfo. **Barrera** se convirtió inmediatamente en un astro del boxeo mundial tras derrotar a **Hamed** por decisión de los jueces. El título de peso pluma de la OIB solo fue un pretexto para contender a 12 *rounds*.

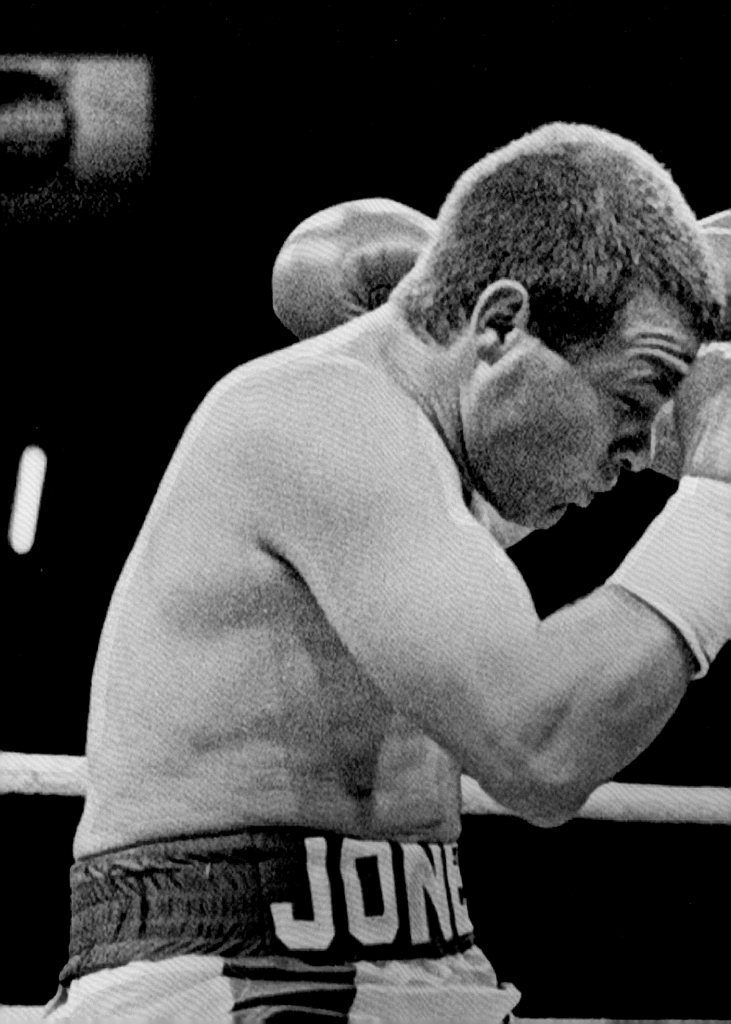

ROUND 7
EXTRAÑOS RETORNOS

Uno de los mayores triunfos de **Érik "el Terrible" Morales.** El tijuanense vence sin discusión al astro filipino **Manny Pacquiao,** en marzo de 2005 en la arena del MGM Grand de Las Vegas, Nevada ★ pp. 242-243 **Érik "el Terrible" Morales** noqueó en el primer *round* al estadounidense **Rodney Jones,** la noche del 9 de diciembre de 2000 en el Auditorio Municipal de Tijuana.

EXTRAÑO RETORNO I
ÉRIK "EL TERRIBLE" MORALES

A FINALES DEL VERANO DE 2009 ANUNCIÓ QUE REGRESABA: "VUELVO AL BOXEO PORQUE ES MI PASIÓN, AMO ESTE DEPORTE, PERO LA VERDAD YA NO ESPERO NADA DE ÉL. HICE TODO LO QUE DEBÍA HACER PARA PROBARLE A LA GENTE, AHORA REGRESO POR MÍ".

ÉRIK "EL TERRIBLE" MORALES ESTÁ EN UNA ESQUINA DEL *RING* Y LO ACOMPAÑA UN SÉQUITO EXTRAVAGANTE, MUY DISTINTO AL QUE HACE DOS AÑOS Y SIETE MESES ESTABA A SU ESPALDA CUANDO CONTENDIÓ CONTRA DAVID DÍAZ, QUE FUE SU ÚLTIMO COMBATE ANTES DE SU RETIRO TEMPORAL.

Ahora están con él los luchadores enmascarados El Hijo del Santo y LA Park, el antiguo promotor de boxeo Ignacio Huízar —rival de Fernando Beltrán, quien representó a Morales por 17 años— y un casi olvidado Cepillín.

En la esquina contraria está el nicaragüense José Alfaro con su sobrio equipo técnico; no hay alguna celebridad de su país. Sabe que no es el rey de la fiesta y que esa noche, a pesar del esfuerzo que pueda poner, no tiene nombre. Tuvo que subir 23 libras para tomar esta pelea, lo cual también es optar por perder parte de su pegada y de su agilidad.

A pesar de todo ese espectáculo circense dispuesto a acrecentar la fecha del retorno de uno de los más grandes boxeadores mexicanos de la historia, flotan en el ambiente otras imágenes.

★ ★ ★

EN MI CASO, SE ME APARECE UN ÉRIK —DE 12 O 13 AÑOS— PELEANDO EN UN TERRENO DE ARENA BLANCA Y HIERBA AMARILLENTA CONTRA UN

BUSCAPLEITOS QUE APODÁBAMOS "EL OLMECA" —POR SU ENORME CABEZA Y DURO ENTENDIMIENTO— QUIEN ERA UNO O DOS AÑOS MAYOR QUE MORALES (ESO ES MUCHO EN LA ADOLESCENCIA). Todos estamos gritando: ¡Dale, dale!, ¡pártele la madre al "Olmeca"!

Acabábamos de salir de clases de la secundaria 51, una escuela austera cuyo edificio de bloque pintado de cal (para espantar a los insectos y a las serpientes) estaba en la cima de un cerro. No había agua ni luz ni teléfono. Para subir incluso al segundo piso, había que cruzar un puente improvisado de madera, sobre una pendiente de tierra y la base del piso, y colocar las manos como equilibrista porque no tenía barandal.

Quienes cursábamos ahí éramos vistos como adolescentes sin futuro, sin nada que perder, una generación que acabaría seguramente alcoholizada, abandonando al par de hijos que tuvo antes de cumplir los 20 años.

Nosotros no nos preocupábamos por contradecir ese prejuicio. Creo que todos pensábamos con el estómago vacío en el instante, en el presente, sin plantearnos qué ocurriría mañana. No había ideales. Éramos, sin saberlo ni quererlo, hijos de las devaluaciones y las crisis económicas que azotaban al país cada sexenio. Nuestros padres habían grabado en nuestros cromosomas los funerales de la esperanza.

Así que pelear a puñetazos, conocer el sexo y emborracharse hasta olvidar nuestros nombres antes de cumplir los 15; recibir una golpiza a manos del padre que llegaba ebrio una madrugada, bajo el influjo de su frustración ante la vida más que por el alcohol, pertenecer a una pandilla callejera, aborrecer la escuela porque llegaba uno cansado del empleo como cargador, ya no reconocer el aroma de la basura quemada en el monte, serle fiel a los amigos y no a las ideas, mostrar indiferencia a la moralidad y recibir la bendición cada mañana de nuestras madres obreras antes de partir, significaban nuestro mundo; el mundo que nacía cada que abríamos los ojos y nos levantábamos del sillón donde dormíamos, porque ninguno tenía una recámara propia.

Aquella pelea estudiantil la ganó "el Terrible", aunque nadie le conocía todavía por ese sobrenombre. Ambos tenían sangre en sus narices y sus ropas estaban llenas de polvo, pero "el Olmeca" estaba en el suelo y desde ahí decía: "Ya estuvo". El pleito, sin embargo, no le quitó la rabia al "Olmeca", pues luego se desquitaría con nosotros.

★ ★ ★

EL ANUNCIADOR DE LA ARENA MONTERREY CITA LOS TRES CAMPEONATOS MUNDIALES EN DIFERENTES DIVISIONES QUE CONSIGUIÓ ÉRIK MORALES A LO LARGO DE 55 COMBATES: 49 VICTORIAS, SEIS DERROTAS, 34 NOCAUTS. La gente ovaciona al peleador tijuanense y el rostro *abotagado* de este no disimula el nervio —miedo— emoción dejando escapar una leve sonrisa, como si dijera: "Aquí estoy, después de todo, *a mi manera*".

Si fuera un cómic, el dibujante en este momento pintaría decenas de globos como nubes y dentro de ellos escenas memorables de la vida boxística de este personaje. Pero algunos globos tendrían que hablar también de las derrotas y de las reacciones enérgicas que tuvo ante la crítica.

★ ★ ★

ÉRIK MORALES DEBUTÓ EN EL BOXEO DE PAGA EN ESTA FRONTERA EL 29 DE MARZO DE 1993 NOQUEANDO EN DOS *ROUNDS* A JOSÉ OREJEL; TENÍA 17 AÑOS Y HABÍA OLIDO EL BOXEO DESDE QUE TENÍA USO DE RAZÓN. Su padre, José "Olivaritos" Morales, había sido pugilista profesional.

Tijuana era en aquella época como un corazón que todavía palpita a pesar de que se le ha arrancado a un cadáver. La ciudad se transformaba a pasos agigantados, crecía un nuevo universo en la zona este de la ciudad: miles de familias migrantes que se asentaban a las faldas del Cerro Colorado y sus alrededores atraídos por la contratación inmediata de las maquiladoras y la ilusión de cruzar a Estados Unidos.

> **NUESTROS PADRES HABÍAN GRABADO EN NUESTROS CROMOSOMAS LOS FUNERALES DE LA ESPERANZA.**

> **ÉRIK MORALES DEBUTÓ EN EL BOXEO DE PAGA EN ESTA FRONTERA, EL 29 DE MARZO DE 1993, NOQUEANDO EN DOS ROUNDS A JOSÉ OREJEL; TENÍA 17 AÑOS Y HABÍA OLIDO EL BOXEO DESDE QUE TENÍA USO DE RAZÓN.**

Ese año se consolidaba en esta frontera un cártel de la droga que ya dejaba estelas de asesinatos en la región y empezaba a ser noticia nacional tras el asesinato del cardenal Jesús Posadas Ocampo.

México se acercaba a una nueva crisis económica y política que tuvo un impacto mundial y que de nuevo llevó a la devaluación del peso, la migración de miles de paisanos a Norteamérica y el incremento de la pobreza en el país.

Al otro lado, Estados Unidos y buena parte del mundo vivía una fiesta capitalista tras la caída del socialismo soviético. La fiesta se traducía en una fiebre consumista y en la búsqueda del espectáculo. Los editorialistas de periódicos internacionales llamaron a esa época: "La década del *Entertainment*".

La búsqueda de nuevos entretenedores para las masas se dio en todos los ámbitos. Los boxeadores eran ideales en ese mundo.

Cuatro años y 25 peleas después de su debut profesional, Érik Morales —ya con el sobrenombre de "el Terrible"— enfrentó por el campeonato de peso supergallo del Consejo Mundial de Boxeo (CMB) a Daniel Zaragoza en El Paso, Texas.

Estaba invicto y, según declararía, tenía mucha hambre tanto literal como metafórica. Aquella noche Zaragoza cayó con un golpe que recibió en la boca del estómago, como si Morales subrayara su necesidad.

Para entonces, el peleador tijuanense era representado por Fernando Beltrán y tenía un contrato de exclusividad con la empresa estadounidense Top Rank, que presidía Bob Arum, el legendario promotor que comenzó su carrera haciendo peleas para Muhammad Alí y que para 1997 tenía como su máxima estrella a Óscar de la Hoya, quien un año antes había derrotado a Julio César Chávez.

El estilo espectacular (agresivo, contundente y técnico) de "el Terrible" lo convirtió en un entretenedor con garantía para públicos internacionales que le dejaba salarios millonarios. Muy atrás quedaban las peleas callejeras y la visión "sin futuro" y "sin nada que perder" de la secundaria.

El 23 de octubre de 1999, un día luego de su combate contra el irlandés Wayne McCullough, contra quien había defendido por octava ocasión el cinturón de peso supergallo del CMB, entrevisté a Morales en la casa de un político que le había organizado una comida en la colonia Cacho para festejar su triunfo. Yo acababa de salir de la universidad y era mi cuarto mes como reportero de un diario local. Le pregunté a Érik si alguna vez imaginó lo que estaba logrando. Me dijo que no, que nunca creyó que el boxeo profesional diera tanto: dinero, automóviles de lujo, casas en zonas residenciales, viajes, mujeres, y, de paso, reconocimiento internacional.

Tenía su rostro amoratado y observaba por televisión, con una cerveza Corona en la mano, la grabación del combate que había tenido un día antes. Cuando terminó la pelea le dije que creía que le habían entrado muchos golpes. Se hizo un silencio incómodo en la sala, carraspeó un poco y me contestó molesto: "Cuando uno entra al fuego se quema".

Al igual que su admirado Julio César Chávez, Morales tenía todo un séquito de aduladores (a quienes ya se les miraba en los ojos los fines de semana perdidos) que le acompañaban todo el tiempo desde que se coronó campeón mundial y parecían contagiarse del mismo humor de su patrón.

Esa tensión predominó a lo largo de una treintena de entrevistas que tuve con Morales en una década. Lo desconcertaban las preguntas inesperadas, la exposición de sus propias contradicciones o la crítica.

El conflicto que la mayoría de los mexicanos célebres tienen con el país, se incrementó cuatro meses después de su contienda contra McCullough. Morales enfrentó en Las Vegas, Nevada, a Marco Antonio Barrera, el púgil capitalino que también

ES DIFÍCIL SER PERMANENTEMENTE UN SUPERHOMBRE.

era monarca universal de peso supergallo pero de la Organización Mundial de Boxeo (OMB).

El combate fue salvaje como los gases de escape dejados por una concentración de motociclistas. Eran dos boxeadores mexicanos en plenitud de facultades que nos recordaban no solo la pasión de este deporte, también que Caín y Abel eran de este país o bien, que eran la mejor representación de un país dividido: el centro, siempre considerándose superior, y la provincia, ya no dispuesta a resignaciones.

Dos jueces dieron el triunfo a Morales y otro a Barrera. La decisión, en todo caso, no dejó satisfecho a nadie, ni siquiera al ganador. Las agendas de ambos pugilistas, a partir de esta contienda, estuvieron determinadas hasta el epílogo de sus carreras, ya por las revanchas o por el enfrentamiento contra rivales comunes.

"El Terrible", de quien Julio César Chávez había declarado que podía ser mejor peleador que él, ya no pareció imbatible luego de la pelea contra Barrera y esto le molestó porque muchos medios de comunicación lo decían.

"Yo hice toda la pelea y Barrera solo me atacaba en los últimos segundos. Eso a los jueces los impresionó y creo que a ti también", me dijo días después durante un homenaje que le hizo el alcalde de la ciudad.

Morales hizo 18 contiendas más en los siguientes siete años. En dos de ellas enfrentó de nuevo a Barrera y fue derrotado en puntos; en otras tres contendió contra Manny Pacquiao, un púgil filipino que había alcanzado la fama internacional cuando noqueó en el invierno de 2003 a Marco Antonio Barrera. "El Terrible" venció en la primera batalla a Pacquiao, pero en las siguientes dos fue noqueado estrepitosamente.

Los otros combates fueron ante olvidados púgiles como Eddie Croft, Rodney Jones o Zahir Raheem, quien, sin embargo, derrotó a Morales; o dudosos excampeones mundiales como Carlos Hernández, Mike Juárez, Guty Espada, Jr., In-Jin Chi o Paulie Ayala. Solo Jesús "el Matador" Chávez fue un oponente a la altura de Barrera o Pacquiao.

Cuando Érik Morales anunció su retiro del boxeo la noche del 4 de agosto de 2007, pocos minutos después de caer ante David Díaz, había hilado cinco derrotas en sus últimas seis peleas. Tenía 30 años y había sido campeón de los pesos supergallo, pluma y superpluma del CMB, era promotor de boxeo y tenía una fortuna de más de 10 millones de dólares ganada literalmente a puñetazos.

Las derrotas, sin embargo, no lo retiraban, sino sentir la falta de apoyo de la empresa y del representante con los que había estado por más de una década.

José "Olivaritos" Morales me dijo que Fernando Beltrán había obligado a su hijo a aceptar peleas que nos les convenía y sentía que Top Rank estaba apoyando más a Manny Pacquiao para convertirlo en una superestrella.

Algo no quedaba registrado. Los entrenamientos, las dietas y los viajes constantes habían embotado la personalidad de Érik Morales. Como cualquier atleta de alto rendimiento, había contenido su rebelión contra el entrenamiento y los sitios sombríos donde suelen prepararse, pero en ocasiones no había podido. Es difícil ser permanentemente un superhombre.

Pocos días antes de pelear por tercera vez contra Manny Pacquiao, me dijo que los problemas personales y algunos excesos por parte de él habían influido en sus últimas dos derrotas (ante el propio filipino y ante Raheem).

A finales de 2007 Morales aceptó dirigir el Instituto Municipal del Deporte de Tijuana. Parecía satisfecho aunque algo incómodo detrás de su escritorio; había engordado y me hablaba de reformar el deporte *amateur* de la ciudad. Tenía una leyenda a cuestas, un trabajo de oficina y una bella mujer con la que recién se había casado.

"Le prometí a mi esposa que no volvería al boxeo y lo voy a cumplir", me aseguró.

Pero un año después dejó encargada la oficina del Instituto del Deporte para ya no volver; comenzó a entrenar y a bajar de peso. A finales del verano de 2009 anunció que regresaba: "Vuelvo al boxeo porque es mi pasión, amo este deporte, pero la verdad ya no espero nada de él. Hice todo lo que

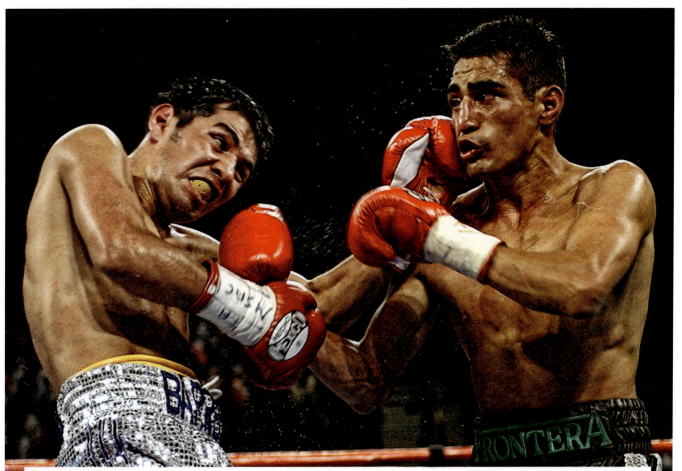

Barrera y Morales, dos lados del país, dos estilos, dos políticas y un mismo idioma. Aquí durante la noche del 22 de junio de 2002 en Las Vegas, Nevada, en el segundo de tres combates que sostuvieron, Barrera ganó esta batalla por decisión unánime.

debía hacer para probarle a la gente, ahora regreso por mí", me dijo.

El ser humano está lleno de paradojas y contradicciones, quien esté libre de culpa que arroje lo primero que tenga en la mano.

* * *

LOS LUCHADORES ENMASCARADOS Y CEPILLÍN YA HAN BAJADO DEL *RING* DE LA ARENA MONTERREY, LO MISMO QUE EL EQUIPO TÉCNICO DE ÉRIK MORALES, QUIEN SE HA QUEDADO SOLO EN LA ESQUINA ESPERANDO UNOS SEGUNDOS EL SONIDO DE LA CAMPANA. Ahora suena. Él avanza hacia su oponente y es como si el aire hubiera cambiado o la luz mutado, o bien como si hubiera salido del agua al aire, otra vez se siente más vivo, más vivo que nunca.

La noche del 17 de septiembre de 2011 en Las Vegas, Nevada, Érik Morales consiguió obtener su cuarto título mundial en diferente división, el de peso superligero (140 libras) del CMB, luego de derrotar en el décimo *round* a un joven casi desconocido en el mundo del boxeo, Pablo César Cano. Era su quinto combate tras su regreso y su cuarto triunfo. Cinco meses antes había sido derrotado por el argentino Marcos René Maidana.

Érik "el Terrible" Morales fue noqueado en el cuarto *round* por el estadounidense Danny García, quien expuso los cinturones de peso superligero de la AMB y del CMB, la noche del 20 de octubre de 2012, en el Barclays Center de Brooklyn, Nueva York. Era su séptimo combate después de su retorno al boxeo de paga.

> ERAN LA MEJOR REPRESENTACIÓN DE UN PAÍS DIVIDIDO: EL CENTRO, SIEMPRE CONSIDERÁNDOSE SUPERIOR, Y LA PROVINCIA, YA NO DISPUESTA A RESIGNACIONES.

Morales enfrentó a **Francisco Lorenzo** en su natal Tijuana en diciembre de 2010. Era su tercer combate tras su retiro de casi tres años.

Antonio Margarito (izquierda), intercambia golpes con **Miguel Cotto,** de Puerto Rico, en el tercer *round* de su campeonato de peso *welter* de la AMB, combate del 26 de julio de 2008, en Las Vegas, Nevada. Margarito ganó por nocaut técnico en el onceavo *round*.

EXTRAÑO RETORNO II
ANTONIO MARGARITO
EL TORNADO DE TIJUANA

NADIE PARA DEFINIR A LAS PALABRAS COMO EL POETA OCTAVIO PAZ, QUIEN ANTES DE LLAMARLAS PUTAS Y PEDIRLES QUE CHILLARAN ESCRIBIÓ: "[SON] FRAGMENTOS QUE NUNCA SE UNIRÁN / ESPEJOS ROTOS DONDE EL MUNDO SE MIRA DESTROZADO". QUIZÁ POR ESTO EN SU REGRESO AL BOXEO ANTONIO MARGARITO LLENA SU ESPÍRITU CON LOS INESPERADOS OLÉS QUE LA GENTE, EN LA PLAZA MONUMENTAL DE AGUASCALIENTES, LE BRINDA CUANDO BATE A ROBERTO GARCÍA.

ANTES QUE LA VIOLENCIA EN EL *RING*, EL BOXEO ES PALABRAS. Con ellas muchas veces los pugilistas suelen ganar sus combates incluso antes de subir a pelear, pues los ecos de las amenazas, las frases del menosprecio al rival, el insulto que desprestigia o la revelación de alguna táctica suelen cimbrar a los oponentes en los días previos.

El legendario boxeador Archie Moore dijo, luego de observar la victoria de Muhammad Alí sobre George Foreman, que el boxeo son sílabas, "y hay que aprenderlas una a una".

Nadie para definir a las palabras como el poeta Octavio Paz, quien antes de llamarlas putas y pedirles que chillaran escribió: "[son] fragmentos que nunca se unirán / Espejos rotos donde el mundo se mira destrozado".

Quizá por esto en su regreso al boxeo Antonio Margarito llena su espíritu con los inesperados olés que la gente, en la Plaza Monumental de Aguascalientes, le brinda cuando bate a Roberto García.

Con dos plazas de toros que había en Tijuana y decenas de funciones de boxeo que se celebraron en ellas, jamás había escuchado que el público cantara olés a un peleador como si se tratara de la faena inmortal de un matador de toros.

Pero la gente comenzó a corearlos luego que Margarito comenzó a boxear a García y exhibió los pocos recursos y torpeza de este la noche del 8 de mayo de 2010.

Habían pasado 16 meses desde su última contienda, cuando *"Sugar"* Shane Mosley lo noqueó en el noveno asalto en el Staples Center de Los Ángeles, California, tras establecer un nuevo récord de entradas (21 000 fanáticos) para una pelea. Margarito entonces era la máxima figura del boxeo en las 147 libras cuando le ganó al puertorriqueño Miguel Cotto, quien a su vez había derrotado a Mosley.

Pero aquella noche del 24 de enero de 2009, no solo el *"Sugar"* le quitó el lugar de astro del boxeo al tijuanense, también desató una polémica —hasta ahora nunca aclarada por las autoridades boxísticas— sobre el vendaje que presuntamente utilizaría Margarito contra Mosley previo a la función. Le siguieron 16 meses donde las palabras que se dijeron lastimaron al peleador fronterizo más que cualquiera de los golpes que había recibido hasta ese momento.

Según el diario *Los Ángeles Times*, que citó fuentes del Departamento de Justicia de California, el entrenador Javier Capetillo y Antonio Margarito intentaron usar una sustancia parecida al yeso entre el vendaje que fue descubierto por el entrenador de Mosley, Nazin Richardson. El caso se fue a los tribunales. Pero, mientras abogados de ambas partes iniciaban sus propias investigaciones para el juicio, Margarito fue suspendido un año por las comisiones de boxeo de Estados Unidos, país donde peleaba desde hacía 14 años, diez de ellos bajo el amparo de Top Rank, la empresa de box que preside el exsenador Bob Arum.

"La gente que me conoce desde que empecé sabe que yo no tengo ninguna necesidad de utilizar nada en los vendajes para ganar. Todo lo que se dijo fue mentira, sin pruebas, sin una investigación. Yo soy un boxeador honesto que me he ganado todo lo que tengo por mi trabajo, no por hacer trampas. Siempre le he tenido respeto a mi profesión", me dijo Margarito en marzo de 2009, cuando la prensa extranjera especializada en boxeo lo atacaba duramente y pedía que se revisaran los últimos combates del mexicano. Miguel Cotto declaró durante una conferencia, previa a su combate contra Michael Jennings que en esa temporada celebraba, que él quería creer que en su contienda Margarito no usó algo en sus vendas, pero tenía dudas.

"Ellos atentaron contra la salud no solo mía, sabrá Dios cuántas veces ellos lo usaron, con Mosley, conmigo y anterior a mí. Debe caerle el peso de la ley", dijo el boricua.

También el mexicano Marco Antonio Barrera, desde su posición de comentarista de *ESPN*, pidió que le retiraran de por vida su licencia de boxeador, porque la falta era muy grave.

"Aquellos días fueron los peores de mi vida. Cuando peleé contra Mosley yo estaba deshidratado, había batallado como nunca para dar el peso y yo sabía que no estaba bien. Quise pelear así, incluso en el noveno *round* salí a darlo todo aunque, como ves, yo ya estaba mal… Pero lo que vino después fue muy duro, castigarme sin conocer bien lo que pasaba fue muy duro. Me quitaron un año, un año que es como descansar cinco o seis años a un profesionista cuando está en su mejor momento", me dijo Margarito.

Pese a que solo había una investigación del caso —todavía hasta la fecha sin resolución (octubre de 2010)— muchos comentaristas en medios de comunicación emitían condenas hacia el peleador; algunos aficionados se mofaban de él en foros públicos, mientras periodistas encaraban al peleador en algunas conferencias organizadas por Top Rank al grado del insulto.

Aun cuando el tijuanense cumplió el plazo estipulado, el organismo regulador le negó una nueva licencia de boxeador para el combate que tendría el 13 de marzo de 2010 en Arlington, Texas, dentro de la función que protagonizaron Manny Pacquiao y Joshua Clottey.

"Sí, mucha gente me dio la espalda, pero también hubo quienes me apoyaron. Aficionados que veía en la calle y que me decían que estaban conmigo, que creían en mí", me dijo.

★ ★ ★

CON APENAS 16 AÑOS DE EDAD, ANTONIO MARGARITO DEBUTÓ EL 14 DE ENERO DE 1994 EN EL BOXEO PROFESIONAL CON UNA HISTORIA PERSONAL MUY PARECIDA A LOS ARGUMENTOS QUE SUELEN TENER LOS PÚGILES EN MELODRAMAS MEXICANOS. Provenía de un hogar desintegrado con cientos de carencias, vivía en la colonia popular Independencia en el distrito Centro de la ciudad y se mantenía vendiendo periódicos en vías públicas.

El boxeo, a esa edad y con la experiencia que la vida le empezaba a dar, solo lo miraba como una profesión donde podía ganar un dinero extra. Además,

> "ME QUITARON UN AÑO, UN AÑO QUE ES COMO DESCANSAR CINCO O SEIS AÑOS A UN PROFESIONISTA CUANDO ESTÁ EN SU MEJOR MOMENTO."

> "AL PRINCIPIO DE MI CARRERA ME ECHABAN COMO CARNE DE CAÑÓN, ME PONÍAN RIVALES DUROS O DE MAYOR EXPERIENCIA; YO NUNCA ME NEGABA, QUERÍA PELEAR Y GANAR DINERO. ME PAGABAN EN MIS PRIMERAS PELEAS 400 PESOS Y ESO ERA UN DINERO EXTRA QUE NECESITABA."

su hermano Manuel Margarito, tres años mayor que él, también era boxeador profesional, por lo que los agobiantes y repetitivos entrenamientos los veía más como un juego que como imposición.

La ciudad ya era una enorme fábrica de boxeadores. Por sus calles se contaban las experiencias boxísticas de campeones mundiales como Julio César Chávez, Juan José "Dinamita" Estrada, Raúl "el Jíbaro" Pérez, Lupe Aquino o Manuel "Mantecas" Medina, y también de grandes peleadores que no alcanzaron un título universal, pero que llenaban plazas como Felipe Urquiza, Felipe Vaca y un boxeador de descendencia yaqui que todavía no peleaba por un título mundial: Luis Ramón *"Yori Boy"* Campas. Las leyendas de Guillermo Ayón y Gaspar "el Indio" Ortega flotaban en el ambiente.

En los clubes de boxeo de la ciudad se respiraban años de bonanza. Además de los púgiles profesionales, entrenaban decenas de niños y adolescentes que al menos cuatro veces al año peleaban en torneos *amateurs*.

Cuando Margarito hizo su primera pelea profesional en enero de 1994, se asomaban también por primera vez en el boxeo de paga Érik "el Terrible" Morales, Héctor Velázquez, Rito Ruvalcaba, Sergio "el Sirenito" Pérez, Ernesto *"Baby"* Zepeda, Víctor Burgos y Pedro "el Guerrero" Ortega. Todos llegarían a ser primeras figuras del boxeo de Tijuana, aunque con suertes y salarios muy distintos.

A diferencia de todos los de su generación, Margarito nunca tuvo un promotor que lo administrara y le pusiera peleas cómodas o al menos que le consiguiera peleas continuas con un buen salario.

"Al principio de mi carrera me echaban como carne de cañón, me ponían rivales duros o de mayor experiencia; yo nunca me negaba, quería pelear y ganar dinero. Me pagaban en mis primeras peleas 400 pesos y eso era un dinero extra que necesitaba", me dijo.

Hizo en esas condiciones diez contiendas en Tijuana, dos las perdió en decisión, la última ante el estadounidense Larry Lixon, quien tenía el doble de combates que el fronterizo. Luego decidió probar suerte en foros de California y Nevada, donde su figura espigada, estilo explosivo y fortaleza comenzaron a llamar la atención de promotores.

"Yo ya estaba casado con Michelle y recuerdo que batallábamos mucho con los gastos; ella trabajaba y yo muchas veces pasaba largas temporadas sin pelear, me programaban, pero a la mera hora me cancelaban la pelea y pues no subía. Sí me desesperaba, pero yo sabía que tarde o temprano iba a llegar mi oportunidad", me dijo Margarito.

Hizo diez combates en Estados Unidos hasta que Top Rank lo programó ante el invicto argentino Sergio Gabriel Martínez —que una década después sería considerado el mejor peso medio del planeta— en las peleas preliminares dentro de la función que Érik "el Terrible" Morales y Marco Antonio Barrera protagonizaron en el hotel y casino Mandalay Bay de Las Vegas, Nevada, el 19 de febrero de 2000.

Aquella noche Margarito, quien había estado trabajando un mes antes como esparrin de Óscar de la Hoya para la contienda de este contra Derrell Colcy, brindó una de sus mejores contiendas hasta la fecha, pero pocos se enteraron. El combate no fue televisado y dentro de la arena había muy pocas personas. En Las Vegas es común que "aficionados" lleguen solo a la contienda estelar y el resto de las batallas transcurren en una arena semivacía.

Dentro de esa intimidad, el tijuanense expuso lo que había aprendido de boxeo y lo que la vida hasta ese momento le había dado: triunfos que le aseguraban el sostén económico de su familia y un promisorio futuro, pero también vivir lejos, pues Margarito se encontraba peleando en Texas cuando fue asesinado su hermano Manuel en Tijuana un año antes, quien lo había introducido a este deporte.

> **DESPUÉS DE VENCER A MARTÍNEZ, ENFRENTÓ EN FILA A DAVID KAMAU, JOSÉ LUIS BENÍTEZ, FRANKIE RANDALL Y ROBERT WEST. A TODOS LOS NOQUEÓ.**

En el primer *round*, Margarito tiró a la lona a Martínez con una zurda que conectó al cuerpo seguida de su diestra a la cabeza de su oponente. El argentino se sobrepuso y en el siguiente episodio tiró potentes rectos al mexicano que hicieron que este bajara su moral, aunque no lo suficiente. Margarito comenzó a acortarle la distancia y a boxearle en corto por los siguientes cuatro *rounds*, lo presionó. Para el séptimo, Martínez estaba muy dañado y ya no respondía a los golpes del tijuanense. Casi al final de este giro el árbitro paró la contienda.

Cuando bajó del *ring*, Margarito me dijo que esa pelea había sido muy importante para él porque era una prueba superada que le había impuesto el promotor Bob Arum. Estaba contento con su trabajo y sabía que era cuestión de meses que vendría su ansiada oportunidad para disputar un campeonato mundial.

Después de vencer a Martínez, enfrentó en fila a David Kamau, José Luis Benítez, Frankie Randall y Robert West. A todos los noqueó.

Así se ganó la oportunidad de enfrentar al monarca de peso *welter* de la OMB, Daniel Santos, el 21 de julio de 2001 en Bayamón, Puerto Rico. Pero el combate fue una decepción, terminó en el primer *round* tras un cabezazo accidental.

Nueve meses después, Top Rank le dio una segunda oportunidad de ir por un título universal al enfrentarlo contra el michoacano Antonio Díaz y esta vez sí hubo celebración. Margarito ganó en diez *rounds* luego de vapulear a Díaz durante toda la contienda, lo mandó a la lona en el último episodio del enfrentamiento y obligó a que la esquina del michoacano aventara la toalla al *ring*.

Margarito fue campeón mundial de peso *welter* de 2002 a 2007. Expuso ocho veces el campeonato y paralelamente buscó el cinturón de peso *superwelter* del mismo organismo que tenía en su poder Daniel Santos, pero otra vez no se halló con el estilo del zurdo y el combate fue detenido en el décimo por un cabezazo. Santos ganó en las puntuaciones.

En la octava defensa Margarito perdió por decisión unánime contra el estadounidense Paul Williams.

Pese a que había sido campeón durante un lustro, no era considerado un astro del boxeo ni había encabezado una función de Pago por Evento, un exclusivo club de peleadores que hacía que fanáticos de todo el mundo pagaran una renta para recibir la señal de su combate, y tampoco había podido pelear contra Óscar de la Hoya o Floyd Mayweather, Jr., que eran los mandones de la división.

Reapareció en el invierno de 2007 noqueando en el primer *round* a Golden Johnson en el Madison Square Garden de Nueva York y en abril de 2008 enfrentó por segunda vez al puertorriqueño Kermit Cintrón, quien esta vez era monarca de peso *welter* de la Federación Internacional de Boxeo (FIB), en Atlantic City, Nueva Jersey.

Durante los seis *rounds* que duró el combate, Margarito lastimó severamente a Cintrón con duros ganchos de izquierda. Al final el isleño parecía un títere que sólo pendía de dos hilos. Estaba pasmado y fluía su sangre de un corte que tenía en el ojo derecho. Así completó su nocaut 26 en 42 embates.

Tres meses después cayó en su red el primer *pez gordo*: Top Rank anunció el combate Cotto contra Margarito en Las Vegas. La empresa era dueña de los contratos de exclusividad de ambos pugilistas.

El tijuanense me dijo previo a esa contienda que tenía un sentimiento muy distinto a cualquier otro que había experimentado, pues se trataba de un parteaguas para su carrera. Si ganaba se convertía de inmediato en un astro del boxeo.

La pelea generó mucha expectativa. De inmediato el pleito traía a la memoria la legendaria rivalidad entre México y Puerto Rico, desde aquellas batallas entre el boricua Wilfredo Gómez contra Carlos Zárate —una larga fila de mexicanos y por fin su derrota ante Salvador Sánchez— hasta las de Julio César Chávez contra Héctor "el

Margarito pone en la lona al puertorriqueño Miguel Cotto, en el undécimo round en su primer duelo celebrado el 26 de julio de 2008 en Las Vegas, Nevada. El tijuanense se corona campeón de peso welter de la AMB.

Macho" Camacho o Félix "Tito" Trinidad contra Óscar de la Hoya.

Bob Arum, el presidente de Top Rank, declaró que, en toda la historia de combates entre mexicanos contra puertorriqueños, esta contienda seguramente se incluirá entre los clásicos.

"Es una batalla que sin duda será la mejor del año; se trata de una contienda entre dos muchachos que han luchado mucho para llegar al sitio donde están", dijo Arum.

Y lo fue. Desde temprano Cotto tomó la iniciativa metiendo bien sus puños en el cuerpo de Margarito y manejando bien el *ring* evitando el peligro. Sin embargo, el tijuanense fue implacable en su búsqueda de la vulnerabilidad del puertorriqueño, sobre todo cuando lo ponía sobre las cuerdas. En el séptimo *round* Margarito metió dos *uppercuts* que dañaron a Cotto e hicieron que sangrara por la nariz. El mexicano continuó con la presión hacia el final del décimo *round*, ya con el isleño profusamente sangrado del rostro. En el undécimo una combinación de Margarito forzó a que Cotto pusiera su rodilla en la lona; tras el conteo pretendió aguantar hasta el final, pero el tijuanense lo apabulló hasta que el isleño vio que su esquina aventaba la toalla.

Lo que continuó fue una vorágine de halagos, viajes, premios, fotografías con fanáticos, lances

DE INMEDIATO EL PLEITO TRAÍA A LA MEMORIA LA LEGENDARIA RIVALIDAD ENTRE MÉXICO Y PUERTO RICO DESDE AQUELLAS BATALLAS ENTRE EL BORICUA WILFREDO GÓMEZ CONTRA CARLOS ZÁRATE HASTA LAS DE JULIO CÉSAR CHÁVEZ CONTRA HÉCTOR "EL MACHO" CAMACHO.

Margarito es noqueado por primera vez en su vida el 24 de enero de 2009 y pierde el título de peso *welter* de la AMB. Con este triunfo, **Shane Mosley** tuvo un segundo aire en su carrera.

de la primera pelota en partidos de grandes ligas, en fin, seis meses de la vida de un *rock star*. Hasta que se dio a conocer su combate contra *"Sugar"* Shane Mosley.

Desde su combate contra Sergio Gabriel Martínez en 2000, cada vez que Margarito tenía una pelea importante lo visitaba en sus entrenamientos y platicaba en persona o por teléfono —si se encontraba fuera de la ciudad— sobre los avances de su preparación. A diferencia de muchos boxeadores, Margarito jamás se quejaba de la rutina que hacía ni el aislamiento le embotaba su personalidad. Tampoco cargaba un séquito de aduladores y tal vez por eso —aún después de ganarle a Cotto— conservaba una personalidad humilde o como él mismo decía: "de la raza". Le gustaba levantarse temprano a correr e ir al gimnasio, parecía incluso que cuando más feliz estaba era dentro de un *ring* practicando una y otra vez sus golpes hasta que se hicieran una parte de su carácter. Era un oficio que conocía de niño, del que sabía también todas sus caras, pero sobre todo la disciplina y el respeto. Es por esta razón que me resultaba muy extraño que Margarito pudiera prestarse a algo indebido o tratara de hacer trampas para ganar un combate.

Seis meses después de vencer a Cotto, el tijuanense enfrentó a Shane Mosley. Según la declaración que Nazin Richardson hizo al diario *New York Post*, éste cuestionó a la esquina técnica de Margarito la dureza del vendaje que le habían hecho poco antes de subir a pelear. El reglamento de la Comisión de California permite que un representante de la esquina contraria se presente a la preparación del vendaje. Pero cuando Richardson entró al vestidor, Margarito ya tenía los puños vendados, declaró el entrenador al *New York Post*.

"No deseo dañar la imagen de nadie. Quizá Margarito no tenía conocimiento de que algo raro estaba ocurriendo debido a que no estaba objetando

El ocaso de la carrera de Margarito. El astro filipino **Manny Pacquiao** manda al hospital al tijuanense el 13 de noviembre de 2010 en Arlington, Texas, tras un duelo sangriento que fue detenido en el episodio 12.

nuestro pedido, pero alguien en su esquina sí", dijo Nazin Richardson al *New York Post*.

Según el entrenador, cuando abrieron las vendas se encontró "un pequeño bloque de gasa húmeda. Parecía una especie de yeso".

Luego de colocarle otro vendaje, Margarito salió a pelear contra Mosley, quien salió inspirado esa noche: rápido y efectivo, enfrentando al tijuanense en corto hasta desmoralizarlo.

Mosley le conectó a Margarito en el octavo *round* combinaciones que lo pusieron muy mal e hicieron que solo saliera su fantasma al noveno para recibir una tremenda paliza, ante la mirada atónita de los 21 000 asistentes en la arena del Staples Center de Los Ángeles y millones detrás de los televisores.

"Fue una mala noche, la peor de mi vida", me dijo Margarito agregando más sílabas al mar de palabras que había generado su combate.

Por eso ahora, 16 meses después de su pelea contra Mosley, el tijuanense agradece desde el alma los olés que le brindan los asistentes en la Plaza Monumental de Aguascalientes. Tal vez recompongan el "espejo roto" donde el peleador antes miraba su mundo.

Antonio Margarito regresó a las grandes ligas en un combate contra Manny Pacquiao, el 13 de noviembre de 2010, en el estadio de los Vaqueros de Dallas en Arlington, Texas, en un duelo que Top Rank tituló: "Uno pelea por hacer historia, el otro pelea por redención", en clara alusión al problema que había enfrentado el tijuanense. Durante el combate, el astro filipino lo vapuleó durante 12 *rounds*.

Luego de Pacquiao, Margarito esperó un año para medirse de nueva cuenta ante Miguel Cotto. La pelea se llevó a cabo el 3 de diciembre de 2011 en el Madison Square Garden de Nueva York. Esta vez Cotto lo venció en diez asaltos.

Margarito anunció, a través de un comunicado de la empresa Top Rank en junio de 2012, que se retiraba definitivamente del boxeo.

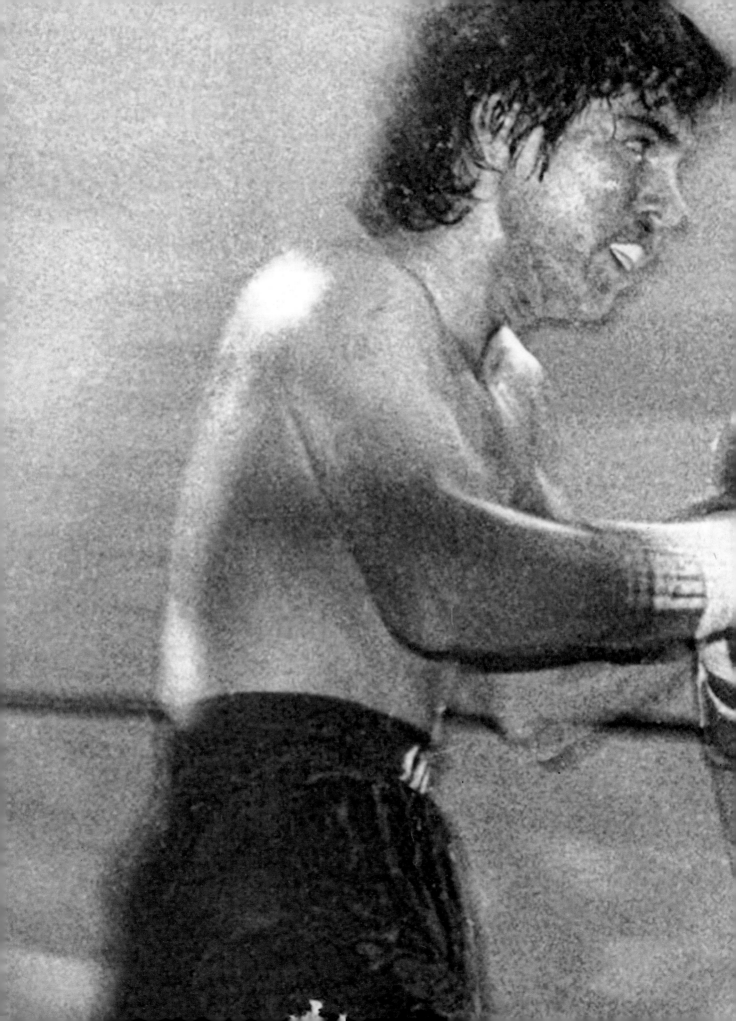

ROUND 8
ÉRASE UNA VEZ

Javier "la Cobra" Mendoza celebra efusivamente su triunfo, tras noquear en el quinto *round* a Francisco Aguilar en el Auditorio Municipal de Tijuana, la noche del 5 de septiembre de 2009 ★ pp. 260-261 **Ramón Marchena** contra **Antonio De La Paz,** el 6 de junio de 1983 en el Auditorio Municipal de Tijuana. Marchena fue noqueado en el séptimo *round* ★ pp. 262-263 **Alex "Chachalaco" Mayorga** tumba a **Pedro Olivares.** El réferi **Ray Solís** da el conteo de protección, 1985.

LAS HISTORIAS QUE SIGUEN, NO SON COMO EN EL MUNDO ANTIGUO, CUANDO, SEGÚN SE CONTABA, SI QUERÍAS HACER EL BIEN SE TE APARECÍAN UNA LUZ Y UN ÁNGEL, O SI TRATABAS DE HACER EL MAL UN DEMONIO SURGÍA DEL FONDO DE LA TIERRA Y TE CONVENCÍA DE LO HERMOSO QUE ERA MATAR ★ AUNQUE LOS RELATOS EN PRIMERA PERSONA SÍ PERTENECEN A LO QUE JOSÉ EMILIO PACHECO LLAMA "EL MUNDO ANTIGUO", ESE QUE CUENTAN LOS VIEJOS Y QUE UNO ESCUCHA DE NIÑO COMO SI FUERA EL MÁS REMOTO PASADO ★ SON HISTORIAS ACERCA DE LA VIDA DE PERSONAJES QUE SE CONSAGRARON AL BOXEO DESDE SU INFANCIA HASTA SU VEJEZ, COMO SI NO TUVIERAN BASTANTE CON LOS GOLPES NATURALES QUE DA LA VIDA ★ SUS CUENTOS DURAN LO QUE TARDARÍA UNA ANTIGUA PELEA A 15 ROUNDS, AL FIN QUE YA SE SABE QUE EL BOXEO ES UNA METÁFORA DE LA EXISTENCIA HUMANA. EN TODAS LAS SÍNTESIS FLOTA UNA FRASE CONSTANTE DE EMERSON: "LA VIDA CONSISTE EN LO QUE UN HOMBRE PIENSA DURANTE TODO EL DÍA".

El réferi **Ray Solís** ordena al campeón mundial de peso pesado, **Larry Holmes,** que vaya a su esquina luego de un encendido *round* contra el italiano Lorenzo Zanon, el 3 de febrero de 1980 en Las Vegas, Nevada.

> "FUERON PELEAS MEMORABLES. VERDADEROS ENCONTRONAZOS EN DONDE YO ESTUVE COMO RÉFERI Y NUNCA, A PESAR DE LO DURO QUE FUERON ESOS COMBATES, OCASIONÉ QUE UN PELEADOR FUERA A LA ENFERMERÍA O SE COLAPSARA POR NO HABER INTERVENIDO A TIEMPO." RAY SOLÍS

ESTUVE COMO RÉFERI EN MÁS DE 300 PELEAS, 71 DE ELLAS FUERON DE CAMPEONATO MUNDIAL.
Así que se me aparecen desordenadas. Pero recuerdo sobre todo una, fue el 19 de marzo de 1972 en el Toreo de Cuatro Caminos de la ciudad de México: Rubén "el Púas" Olivares contra Rafael Herrera por los campeonatos del CMB y AMB de peso gallo.

Yo fui el réferi de esa pelea. "El Púas" era el ídolo de México y fue muy dramático cuando perdió en el octavo *round*. Esa fue su segunda derrota profesional.

A veces sueño que estoy todavía arriba del *ring* y veo, como los vi entonces, a Ultiminio Ramos, *"Sugar"* Ray Robinson, "Mantequilla" Nápoles, "Kid Irapuato", José Medel, Salvador Sánchez, Julio César Chávez, "el Púas", Miguel Canto, Rafael Herrera, Efrón "el Alacrán" Torres o Vicente Saldívar.

Tengo muy presente peleas tales como las de Miguel Ángel Cuello contra Jesse Burnett o la de Miguel Canto contra Susumu Hanagata.

Fueron peleas memorables, verdaderos encontronazos en donde yo estuve como réferi y nunca, a pesar de lo duro que fueron esos combates, ocasioné que un peleador fuera a la enfermería o se colapsara por no haber intervenido a tiempo.

Yo fui réferi del Consejo Mundial por 50 años y trabajé en Japón, Australia, Tailandia, Corea del Sur, Inglaterra, Venezuela, Estados Unidos, Mónaco, España y México. Pero me retiré hace cinco años porque estoy enfermo y triste por la muerte de mi esposa.

Nací en La Barca, Jalisco. Yo aprendí el boxeo desde que fui militar. Estuve en el Ejército en los años cuarenta. Iba a ser uno de los miembros del Escuadrón 201, la unidad aérea de combate con que México participó en la segunda Guerra Mundial luego del hundimiento que sufriera en el Golfo el barco petrolero *Potrero del Llano*.

El Escuadrón 201 estaba preparándose en Puebla cuando tuve un accidente al tratar de esquivar unas vallas. Me lesioné la pierna izquierda, tuve fisura en la rótula y cabeza, además de una costilla rota.

Después del accidente todavía permanecí un tiempo en el Ejército, hasta 1949, cuando mi hermano Salvador Solís, quien era boxeador profesional, me invitó a que viniera a Tijuana. Desde entonces viví aquí.

Comencé aquí mi carrera de árbitro de boxeo en peleas *amateurs*, luego en profesionales. Pero mi mejor momento fue entre 1970 y 1980, la época de oro del boxeo mexicano.

Raymundo Solís Gómez, mejor conocido como Ray Solís, de 86 años, nombrado por el Consejo Mundial de Boxeo (CMB) uno de los tres mejores réferis y jueces de su historia

LE PROMETÍ A MI FUTURA ESPOSA QUE DESPUÉS DE ESTA PELEA ME RETIRARÍA Y LO CUMPLÍ.
El 24 de mayo de 1965 peleé contra *"Sugar"* Ray Robinson en el Toreo de Tijuana, que la gente había llenado por verlo a él. Esa función la montó Nicolás Rodríguez, un promotor de Mexicali.

Robinson ya era una leyenda y tenía un récord impresionante. En ese tiempo solo había un organismo de boxeo y el campeón mundial peleaba contra todos. *"Sugar"* ya había sido campeón mundial *welter* y de los pesos medianos cuando llegó a esta ciudad.

Yo, sin embargo, tenía cierta experiencia, había hecho 46 peleas y era campeón nacional de peso medio.

Robinson desde el primer *round* trató de noquearme, pero yo adiviné su estrategia y por cada golpe que me daba yo le regresaba el doble. No

Guillermo "Memo" Ayón en su "gimnasio", debajo de un árbol (1957).

Una pose de **Guillermo "Memo" Ayón** (1963).

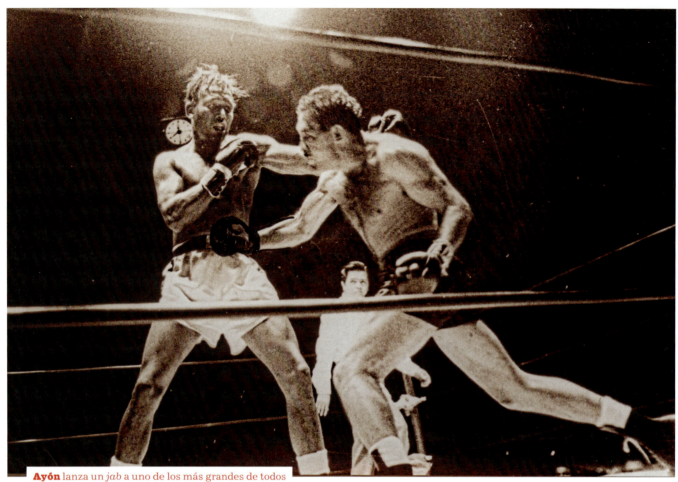

Ayón lanza un *jab* a uno de los más grandes de todos los tiempos **"Sugar" Ray Robinson.**

me paralizó su leyenda. Recuerdo que en el quinto *round* le metí un gancho al hígado que sentí que se tambaleó.

Pero yo no me fui limpio. Él también me dio un golpe que me rozó el hígado en el séptimo *round* y que, de no ser porque me había preparado muy bien, me hubiera tumbado. Me tuve que amarrar, luego boxeé, me repuse y continué presionándolo hasta el décimo.

Robinson era muy rápido, muy inteligente, pero no esperaba que yo tomara la iniciativa y que aguantara sus golpes. Gané esa pelea por decisión unánime. El público saltó al *ring* y me cargó. Pocos días después me retiré. Tenía 26 años.

Yo nací en La Paz, Baja California Sur. Me hice boxeador por necesidad. Mi padre, que era músico de una banda de Mazatlán, murió cuando yo tenía 11 años y mi madre se quedó con siete hijos.

Debuté en el boxeo profesional a los 16 años; recuerdo que me pagaron cinco pesos por esa pelea. El dinero me alcanzó para comprar un kilo de frijoles y otro de harina. En ese tiempo entrenaba debajo de un árbol bajo la supervisión de un excampeón nacional: Manuel "el Agrarista" Cruz.

Yo nunca dejé los estudios por el boxeo, me recibí de profesor normalista y después hice una maestría en educación física. En 1969 me hice réferi del CMB y de la Comisión de Boxeo de Tijuana. Hasta la fecha sigo trabajando en el *ring*.

> "DEBUTÉ EN EL BOXEO PROFESIONAL A LOS 16 AÑOS; RECUERDO QUE ME PAGARON CINCO PESOS POR ESA PELEA. EL DINERO ME ALCANZÓ PARA COMPRAR UN KILO DE FRIJOLES Y OTRO DE HARINA."

Guillermo "Memo" Ayón, 70 años, exboxeador, dos veces campeón nacional, réferi y juez del Consejo Mundial de Boxeo (CMB).

"Memo" Ayón es levantado en hombros luego de derrotar a uno de los más grandes de todos los tiempos: *"Sugar"* Ray Robinson, el 24 de mayo de 1965 en el Toreo de Tijuana.

Gaspar "el Indio" Ortega en una foto publicitaria tipo *mexican curios* de 1958. Ortega fue la primera gran figura del boxeo de Tijuana.

MI FAMILIA NO TENÍA PARA COMPRARME ZAPATOS, ASÍ QUE YO IBA A LA ESCUELA DESCALZO, POR ESO ME PUSIERON "EL INDIO".

Nací en Mexicali, pero crecí en Tijuana, en la colonia Morelos. Mis padres eran de Oaxaca, mis ancestros zapotecos.

Yo quería ser torero pero me metí al boxeo y me gustó mucho, sobre todo porque era una oportunidad de ayudar a mi familia, nosotros éramos doce, yo tenía diez hermanos.

Debuté en profesional a los 17 años con el nombre de Gaspar Ortega en vez de Gaspar Benítez [Ortega]. Me quité el apellido de mi padre para que no se dieran cuenta y no se opusiera.

Ya había hecho unas 25 peleas cuando decidí irme a Estados Unidos. Era 1954, yo tenía 19 años, tomé un camión de San Diego a Nueva York porque iba a pelear en el Madison Square Garden, que era la catedral del boxeo mundial. Viajé tres días y tres noches; solo traía cinco dólares con cincuenta centavos americanos y una bolsa de sándwiches.

Hice cuatro peleas allá y volví ese mismo año conduciendo un carro último modelo y ya como "el Indio" Ortega.

Duré 15 años de profesional y realicé 195 peleas, casi todas en peso *welter*. Por mi estilo me hice preferido de la televisión americana y en 44 ocasiones transmitieron mis peleas a nivel nacional en Estados Unidos. Me enfrenté a grandes peleadores de la época como "Tony" DeMarco, *"Kid"* Gavilán, Benny *"the Kid"* Paret, Isaac Logart y Johnny Gonsalves. Solo una vez disputé el campeonato mundial, fue en 1961 contra Emile Griffith, pero no lo conseguí. Era muy difícil ser campeón mundial en esa época porque solo había un organismo y las peleas entre los primeros retadores eran muy duras. Ahora hay muchos organismos y cada uno tiene un campeón del mundo del mismo peso e incluso tienen campeones interinos, en mis tiempos no había nada de eso.

Actualmente vivo en Connecticut porque allá están mis hijos y mis nietos y no puedo estar lejos de ellos, aunque amo esta ciudad [Tijuana] y procuro venir seguido.

Allá en Connecticut soy consejero de drogadictos y gente que ha estado en prisión. Trato de alejarlos de las drogas, de ayudarlos, de hablarles de la vida. No soy terapista pero sé algo de la vida.

Gaspar "el Indio" Ortega, 85 años, fue el primer astro del boxeo que surgió de Tijuana. Contendió en Italia, Francia, Estados Unidos y México. Ha sido el único púgil mexicano en pelear 22 ocasiones en el Madison Square Garden de Nueva York.

TUVE UN HERMANO QUE NACIÓ EN EL PASO, TEXAS, SE ENFERMÓ A LOS DOS MESES DE NACIDO Y LO IBAN A OPERAR. Mi mamá se asustó y se regresaron a Irapuato, pero el niño murió. Yo nací diez meses después y también me pusieron Baltazar.

Yo fui militar, tengo un diploma que me dio el general Lázaro Cárdenas, quien después de ser presidente de México fue nombrado por Ávila Camacho secretario de la Defensa Nacional. Eran los tiempos de la segunda Guerra Mundial.

Pero yo no comencé a boxear en el Ejército sino cuando me salí. Boxeé profesionalmente muy poquito tiempo, solo hice nueve peleas profesionales.

Mi padre no se había dado cuenta que yo estaba peleando, en mi última pelea llegó a la arena y yo no sabía si atender a mi padre, que por primera vez me estaba viendo en una función, o a mi rival que me estaba dando con todo. Yo le tenía miedo a mi papá; ya había ganado ocho peleas antes por nocaut, pero en la última me puse muy nervioso y perdí la pelea. Me bajé del *ring* y cuando llegué al vestidor mi papá ya me estaba esperando, me dijo, "te gusta que te peguen, yo te voy a pegar". Me tiró un golpe que me tumbó. Esa fue mi última pelea.

De ahí me fui a Los Ángeles, estuve dos o tres años. La ciudad me aburría y extrañaba mucho México, así que en 1947 llegué a Tijuana, que entonces solo era una calle, la Revolución, parte de la primera, la calle segunda hasta la avenida H. Hacia el Sur

---

> **"VIAJÉ TRES DÍAS Y TRES NOCHES; SOLO TRAÍA CINCO DÓLARES CON CINCUENTA CENTAVOS AMERICANOS Y UNA BOLSA DE SÁNDWICHES." GASPAR "EL INDIO" ORTEGA**

> "MI PADRE NO SE HABÍA DADO CUENTA QUE YO ESTABA PELEANDO, EN MI ÚLTIMA PELEA LLEGÓ A LA ARENA Y YO NO SABÍA SI ATENDER A MI PADRE, QUE POR PRIMERA VEZ ME ESTABA VIENDO EN UNA FUNCIÓN, O A MI RIVAL QUE ME ESTABA DANDO CON TODO." BALTAZAR ORTIZ VILLASEÑOR

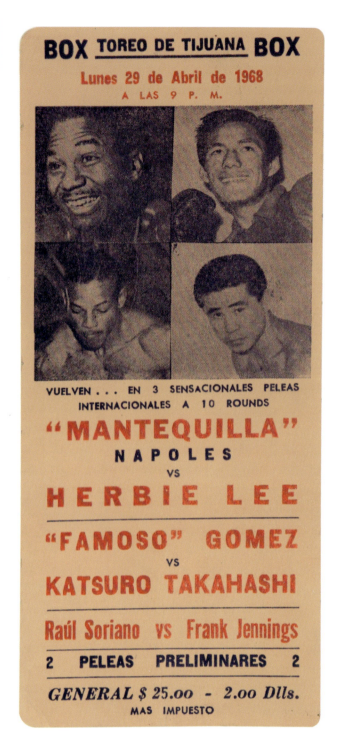

estaba el bulevar Agua Caliente, que no era bulevar sino dos líneas hasta La Mesa. Tijuana era un amor, todo mundo se conocía, se quería.

Yo comencé a trabajar como locutor en la XEXX y salía a las 11 de la noche, todos los días yo cerraba la planta y tenía una casita que alquilé en la colonia Independencia. Me iba caminando hasta allá, nada de inseguridad, una cosa chula de seguridad. Hoy no solo Tijuana, sino todas las ciudades del mundo están en peligro. Hay mucha desigualdad, mucha frustración.

En aquel tiempo hacían boxeo "el Tierno" Jiménez, dueño de la Lechería Jersey. Él era muy inteligente, todo el tiempo buscaba peleadores que le gustaran a la gente. Las funciones las hacían en el Coliseo de Tijuana, en la avenida Mutualista, que después se quemaría ocasionando una de las mayores desgracias de esta ciudad. Traía peleadores de Mexicali y de San Luis Río Colorado. Fue ahí cuando yo comencé a involucrarme otra vez en el boxeo.

Empecé a entrenar boxeadores en el Danubio Azul, eran los años cincuenta. Algunos muchachos que entrenaba comenzaron de cero, sin embargo, había otros que llegaron de Guanajuato y que ya conocía. En ese tiempo el boxeo solo se miraba como deporte, porque no había dinero. Solo aquellos que podían estar entre los primeros retadores podían ganar entre 10 000 y 15 000 dólares. Ahora el boxeo es negocio, está en manos de los promotores. Los promotores son dueños de manejadores, boxeadores, empresas e incluso de los retadores a los títulos.

No sé si yo tenga que ver en que el boxeo se hiciera grande en Tijuana, tal vez sí, porque yo ayudé a que se hicieran cinco gimnasios de box, entre ellos la Casa de la Juventud [hoy Crea] —porque antes solo había en las capitales Casas de la Juventud— y el gimnasio del Auditorio Municipal.

En esos gimnasios yo le di la oportunidad a todos los entrenadores de entonces para que prepararan a sus peleadores y ellos mismos crecieran.

Baltazar Ortiz Villaseñor, 85 años, entrenador y manejador de boxeo.

MI OFICIO ERA HACER GUANTES DE BOX, LOS GUANTES CHETOS. Era un negocio familiar, teníamos cinco talleres aquí en Tijuana.

En 1961 la fiebre del boxeo estaba en Los Ángeles (California); había mucho mercado y todo lo que hacíamos lo llevábamos para Estados Unidos, principalmente a Los Ángeles y a Hawai.

También venían muchos manejadores y boxeadores a comprar. Aquí veíamos al "Mantequilla" Nápoles, al "Ratón" Macías o a Ultiminio Ramos, que eran unos monstruos sagrados, porque en ese tiempo no teníamos los medios que hay ahora cuando los ídolos los ves todo el tiempo en televisión.

A raíz de la devaluación de López Portillo dejamos de hacer guantes porque era incosteable, el dólar estaba muy caro y nosotros teníamos que comprar la piel en Estados Unidos. Fue entonces cuando me puse a comprar boxeadores.

Baltazar Ortiz, que era uno de los manejadores más viejos de Tijuana, traía a Javier Ayala, "Chuy" Chávez y Alejandro Cordero, me invitó a trabajar con él al gimnasio Silvestre. Poco después me dijo que me vendía a sus peleadores.

Acababa de pelear Rubén "el Púas" Olivares contra "Chucho" Castillo en el Forum de Los Ángeles y Olivares había ganado 100 000 dólares. Yo dije, si eso pagan, entonces yo voy a ganar el 30%, que es lo que cobraban los manejadores.

Baltazar Ortiz me vendió a cuatro peleadores ya viejos y maleados, sin embargo, yo no sabía cómo era el boxeo. Me costaron 200 000 pesos ¡de aquellos!

Entré por la puerta grande sin saber nada de boxeo, nada más tenía experiencia viendo peleas. En ese tiempo tomamos la protesta como manejadores Pedro Morán, Rafael Bracavw y yo. Vino personalmente "Pancho" Rosales y Lupe Sánchez, que encabezaban la Unión Nacional de Manejadores. Antes todo se canalizaba en la ciudad de México, todo el boxeo dependía de la Comisión de Boxeo del Distrito Federal. En ese tiempo estaba el escritor Luis Spota como presidente de la Comisión.

Ya estaban aquí en Tijuana como entrenadores Abel "el Tiburón" Rojas, "el Sombra" Dávalos, Baltazar Ortiz y otros que tenían El Danubio Azul, donde se hacía boxeo.

> **"ENTRÉ POR LA PUERTA GRANDE SIN SABER NADA DE BOXEO, NADA MÁS TENÍA EXPERIENCIA VIENDO PELEAS."**
> **RICARDO "CHETO" TORRES**

Toda esa gente que compré no me sirvió de nada. Lo único que aprendí fue cómo los boxeadores viejos le enseñan cómo entrenar a otros. Yo aprendí a entrenar con ellos.

Después se vino una época en que se acaba el boxeo profesional y empezamos a trabajar boxeo *amateur*. Así saqué a Felipe Vaca, el primer campeón nacional de aquí, y a José "Gallito" Quirino, que fue campeón mundial y yo lo tenía desde que era un niño. Además de Felipe Urquiza, el primer gran ídolo que tuvo el boxeo de Tijuana.

Ricardo "Cheto" Torres, 60 años, manejador y entrenador profesional.

★ ★ ★

EN UNA FUNCIÓN DE BOXEO EN GUADALAJARA CONOCÍ A TINO LEÓN, UN BOXEADOR QUE HABÍA TRABAJADO CON PEDRO INFANTE EN UNA PELÍCULA. Él me dijo que me quedara con él a trabajar como *second* en el gimnasio; fui y me enseñó todo lo que sé de boxeo, ahí comencé a entrenar peleadores.

Yo nací en Tuxpan, Jalisco. Ahí en el pueblo jugué futbol, básquetbol y otros deportes como aficionado, pero ninguno me llenaba. Hasta que comencé a entrenar boxeo, supe desde entonces que esa iba a ser mi vida.

Un día, entrenando, me quebré la mano izquierda y abandoné mi idea de hacerme boxeador profesional, pero yo antes me había dado cuenta que era bueno para enseñar boxeo a otros compañeros; por eso continué en este deporte.

Llegué a Tijuana en 1971. Me habían ofrecido trabajo como entrenador en Ensenada pero a mí me gustó el ambiente que había en Tijuana, aquí ya se hacía mucho box y la ciudad era muy distinta a otras partes del país. Aquí nacieron cinco de mis hijos y a todos, con mi trabajo, les pagué una carrera profesional.

Cuatro personajes claves para que Tijuana se convirtiera en la capital del boxeo de Latinoamérica en una ceremonia de premiación. De izquierda a derecha: **Guillermo Mayén,** el promotor; **Rómulo Quirarte,** el entrenador; **Ray Solís,** el réferi y **Ariosto Manrique,** el comisionado.

De izquierda a derecha: **Rómulo Quirarte,** entrenador; **Antonio "Tanaka" González;** el réferi (no identificado); **Julio Borboa** y **Pedro Morán,** entrenador. Verano de 1986.

Comencé a entrenar boxeadores en la Arena Tijuana 72, en el Grupo México y en la colonia Libertad. En aquel tiempo hacíamos boxeo cada ocho días. Así, poco a poco, se comenzó a crear lo que después se conoció como la época dorada del boxeo de Tijuana.

Tuve tantos buenos peleadores, tantos, que es difícil nombrar solo a unos cuantos. Aún seguimos teniendo grandes campeones, como Cristóbal Cruz o "el Vampiro" Arceo, tantos.

A través del boxeo yo he conocido muchos países y también conocí otra vida. Eso no se logra de la noche a la mañana. Yo he estado esclavizado al boxeo, el boxeo es muy difícil, es algo durísimo de aprender y el que enseña debe tener la sabiduría y el carácter para hacerlo, además mucha disciplina y respeto por esta profesión.

Pedro Morán Mancilla, 73 años, entrenador y manejador de boxeadores.

✶ ✶ ✶

MI NIÑEZ FUE MUY DURA, A VECES NO ME GUSTA RECORDAR ESO PORQUE ME APACHURRO MUCHO. Yo nací en casa de mis abuelos. A mi padre nunca lo conocí, aunque tengo su apellido, y mi madre se casó de nuevo, se fue a Los Ángeles [California] y nos abandonó, a mis hermanos y a mí. Yo tenía un año y tres meses cuando ella se fue.

Nos criamos con mis abuelos en un tiempo que había muchas necesidades. Trabajábamos con él sembrando hortalizas y criando ganado.

Yo era el niño de mi abuelo, siempre me llevaba con él a todos lados. Se llamaba Rómulo, como yo, fui el único de más de 200 nietos que tuvo que bautizaron con su nombre.

Mi mundo era feliz, a pesar de todo, hasta que él murió. Casi de inmediato mi abuela enfermó y quedó en estado de senectud. Fue un año en que mis hermanos y yo vivimos prácticamente solos, en la calle. Teníamos mucha hambre, había días en que no comíamos nada. Era la pobreza extrema, *Nosotros*

> "AQUÍ EN EL GIMNASIO [DEL CREA], DONDE HE ESTADO 39 AÑOS, ME ENCONTRÉ CON MUCHOS MUCHACHOS PROBLEMÁTICOS. ESA VIDA QUE TUVE EN MI NIÑEZ ME HA SERVIDO PARA ENTENDERLOS, ME IDENTIFICO MUCHO CON ELLOS." RÓMULO QUIRARTE

los pobres nos quedaba chica. Era una pobreza que sabes que toda la vida te va a lastimar. Mi hermano, diez años mayor que yo, se *la rifaba*, trabajaba en lo que fuera. Una vez llegamos a un lugar donde había apuestas de peleas entre niños, nosotros nos metimos, recuerdo tener el hocico reventado pero con una paleta de hielo, que esa era nuestra paga.

Una tía, hermana de mi madre, fue de vacaciones a Guadalajara y vio lo que estaba pasando. Ella decidió separarme de mis hermanos y llevarme a Mexicali, donde vivía con su familia. Ahí me volví peor, porque me encontré con que todos me rechazaban. Yo tenía cinco años. Por mi agresividad y porque no lloraba, aun cuando me castigaban o golpeaban, no me doblegaban, me decían que yo terminaría mal, que sería un matón, *carne de cañón* para el mundo.

No sabía que había otra vida. Tenía esa insensibilidad por falta de papá, pero sobre todo por la falta de madre. Ella me hizo muchísima falta. Por eso era agresivo contra toda la gente, me peleaba con todo mundo en la calle. En uno de estos pleitos, en Mexicali, conocí un boxeador que me preguntó si me gustaba pelear. Me llevó a un gimnasio, me puso vendas y me puso a entrenar. Entonces controlé mi ira hacia los demás. Ahí en el gimnasio me aconsejaron, me educaron, me ayudaron mucho. Yo ya tenía ocho años. También estudiaba y me gustaba mucho la escuela, pero a nadie de mi familia le importaba, no les importaba si tenía zapatos o un uniforme.

Hasta los 12 años volví a Guadalajara. Comencé a trabajar con la intención de no regresar a Mexicali. Muchas veces me he dicho que solo regresé a Guadalajara para quebrarme la mano y casarme.

Después me vine a Tijuana con mi mujer y mis hijos.

Aquí en el gimnasio [del Crea], donde he estado 39 años, me encontré con muchos muchachos problemáticos. Esa vida que tuve en mi niñez me ha servido para entenderlos, me identifico mucho con ellos. El boxeo me dio la sabiduría para entenderlos como personas, porque de este deporte sigo aprendiendo.

Fue circunstancial llegar a este gimnasio. Mi hijo más grande, cuando era niño, ya no quería estar en el karate y me pidió que lo metiera al boxeo. Lo llevé al Crea. De cuatro a seis de la tarde estaba Ramón Torres, que luego nos hicimos compadres. Él trabajaba con puro *amateur* y un día me pidió que lo ayudara en el gimnasio y me quedé.

Yo soñaba con cambiar el boxeo, con hacer boxeadores limpios, que tuvieran éxito deportivo y que después esto les redituara de forma económica. Solo lo soñé, porque, "el Jíbaro" Pérez, "Maromero" Páez, "Dinamita" Estrada y Julio César Chávez —aunque él ya no estaba a mi mano desde que se lo llevó de aquí Ángel Gutiérrez— se mantuvieron así mientras no fueron campeones del mundo. Esos niños eran limpios, sanos, tímidos, tenían ilusiones; todas las cualidades que puede tener un niño que quiere salir adelante luego de venir de una cuna muy humilde. Pero tuvieron malas compañías y los afectaron mucho.

Por eso me da mucho gusto cuando uno de los muchachos se llega a recibir de la universidad, consigue un título que nadie nunca se los va a quitar. Aquí hemos ayudado a muchos niños para que terminen sus estudios. Eso es lo que más satisfacción me ha dado.

Rómulo Quirarte, 64 años, uno de los más grandes entrenadores mexicanos de la historia. Fue el entrenador que preparó a Julio César Chávez para su primer título mundial en 1984 y después formó a Raúl "el Jíbaro" Pérez, Juan José "Dinamita" Estrada, Jorge "Maromero" Páez y Manuel "Mantecas" Medina. Además de entrenar en un tiempo a José Luis Castillo, Humberto "la Zorrita" Soto y Luis Ramón *"Yori Boy"* Campas.

Herminio Delgado conecta con un cruzado de derecha al púgil **Ramón Verdugo** (izquierda), en su encuentro del 2 de mayo de 1988 ★ pp. 282-283 Un clásico regional en una época de oro. El ídolo de Tijuana, **Felipe Urquiza,** enfrenta a **Andrés "Carita" Sandoval,** de Ensenada, la noche del 7 de abril de 1986 en el Auditorio Municipal de Tijuana, por el campeonato estatal de Baja California de peso ligero. Sandoval saldría inspirado y noquearía a Urquiza en el octavo round ★ p. 284 El orgullo de Juchitán, Oaxaca, **David "el Macetón" Cabrera** en una de sus noches de gloria en Tijuana ★ p. 286 **Felipe Urquiza,** otro de los máximos ídolos de Tijuana, es entrevistado luego de su derrota ante **Andrés "Carita" Sandoval** ★ p. 287 El excampeón mundial **Antonio Avelar,** herido. Acababa de terminar su combate contra **Carlos de la Pazen** en 1984.

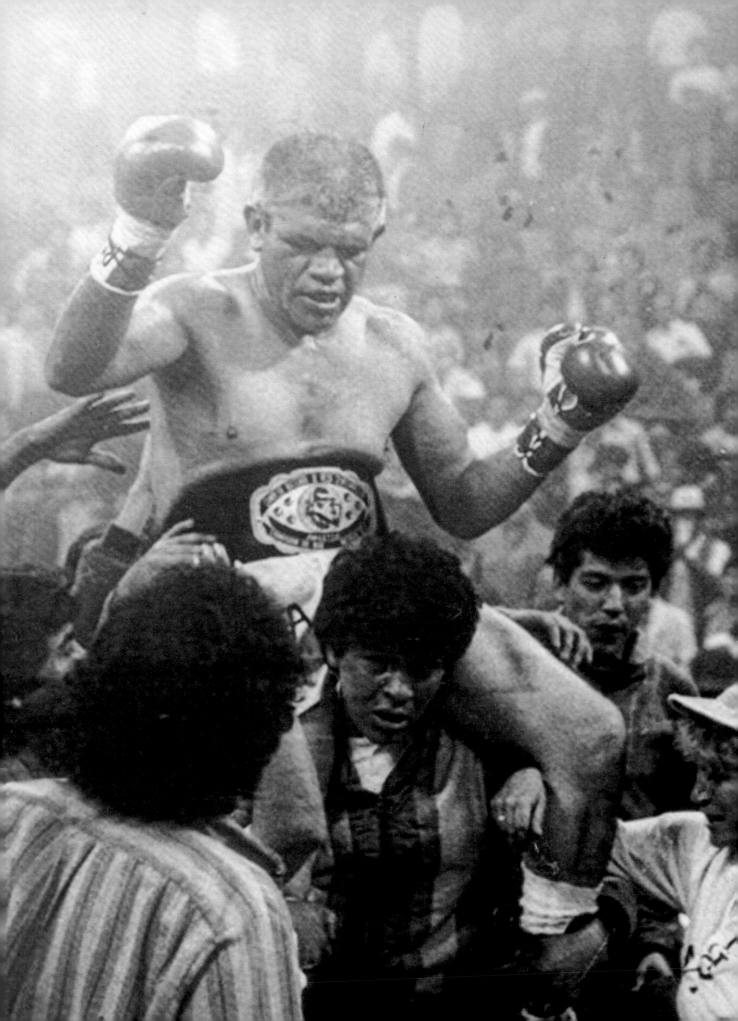

BOX

2M Mawhinney Mayen ★ Presentan

AUDITORIO DE TIJUANA

LUNES 29 DE AGOSTO - 8:45 P.M.

MACETON
CABRERA

MEXICO   contra   **U.S.A.**

VAUGHN TROY

La Revancha del Año ★★★ **3 PELEAS MAS**

A 10 ROUNDS PESO PLUMA

CHOLO HERNANDEZ   contra   PECHUGA VALDEZ

RESERV.
TELS. 86-83-21
81-15-19

$2500.00 $2000.00
$750.00
$1000.00 $600.00

VENTA DE BOLETOS EN:
ALUMINIO STANDARD,
DEPORTES VIKING,
BIRRIERIA GUADALAJARA, BAÑOS VICA,
AUDITORIO DE TIJUANA.

IMPRESOS JACUBA

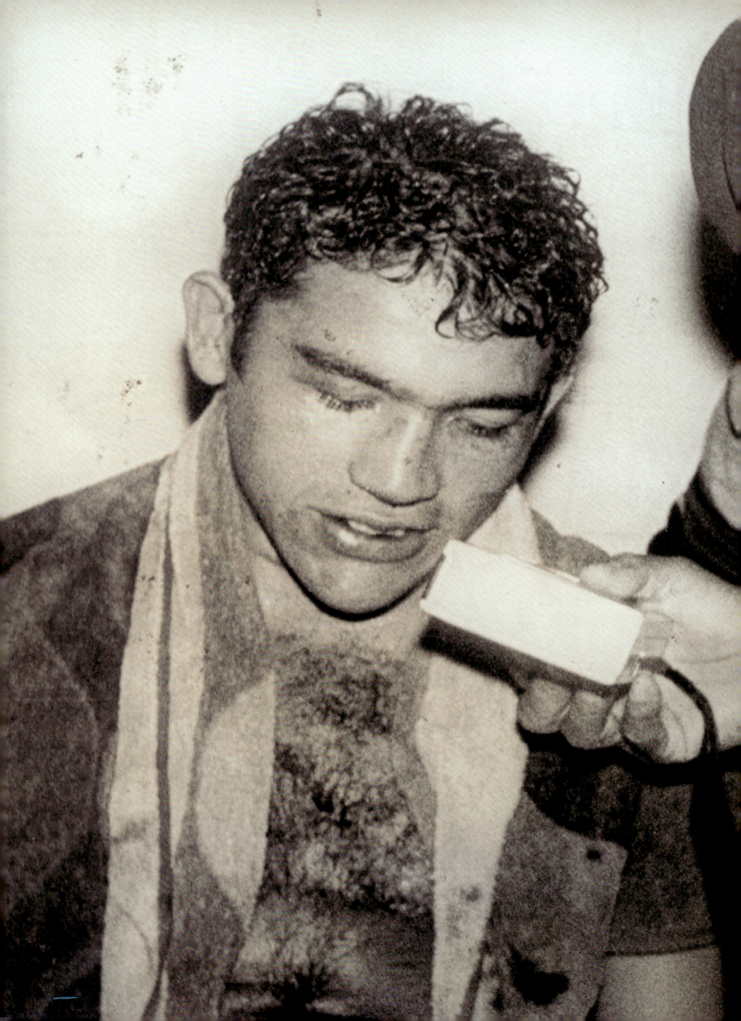

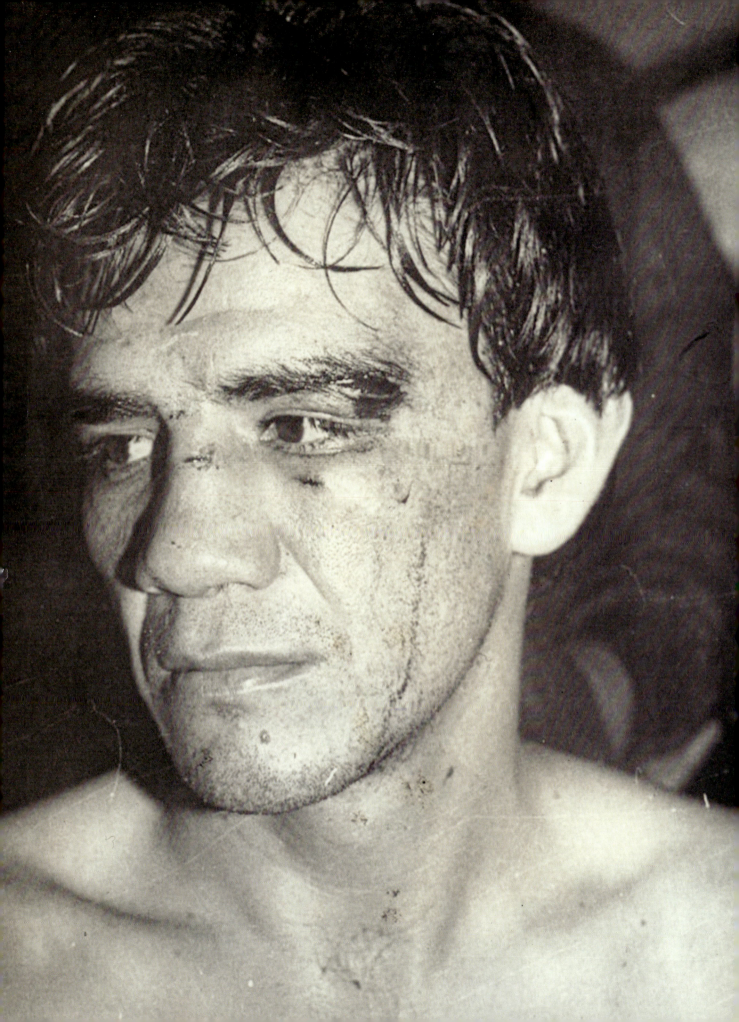

YO SOY EL MEJOR, UN CAMPEÓN, UN TRIUNFADOR.. Y DIA CON DIA ME SUPERO MÁS.

OMAR MILLÁN nació en Tijuana. Es periodista independiente y docente. Egresó de la licenciatura en Literatura y Lengua Hispanoamericana por la Universidad Autónoma de Baja California (UABC), campus Tijuana; tiene un posgrado en educación media superior y un diplomado en periodismo. Fue uno de los diez finalistas en 2005 del Premio Latinoamericano a la Mejor Investigación Periodística de un Caso de Corrupción (IPYS-TILAC) y obtuvo una mención especial por parte de Transparencia Internacional y el Instituto Prensa y Sociedad por el reportaje "Caso Sasayama". Actualmente trabaja para la agencia *Associated Press* (AP) y para Enlace/*San Diego Union Tribune*. Fue reportero fundador del diario tijuanense *Frontera* y ha colaborado para las revistas *Gatopardo* (México/Colombia), *Le Courrier International* (Francia) y el diario *Minneapolis Star Tribune* (Estados Unidos).

A MIS HIJOS, FRIDA Y EMILIANO, POR ESA HERMOSA LUZ QUE NUNCA SE APAGA DE SUS ROSTROS, Y A SU MAMÁ, GRIS, MI LLAMADA A LA TIERRA ★ A MIS PADRES, POR LA EDUCACIÓN Y EL AMOR QUE ME DIERON ★ Y A LOS BOXEADORES Y ENTRENADORES QUE COLABORARON PARA LA REALIZACIÓN DE ESTE LIBRO, MI RESPETO POR SU OFICIO Y EL DESEO DE CONTRIBUIR A QUE SE APRECIE MÁS SU TRABAJO.

JON LEE ANDERSON (California, 1957) es especialista en conflictos y perfiles de líderes políticos, ha hecho reportajes desde muchos países y escribe para la revista *New Yorker* desde 1998. Es autor de los libros *Che Guevara: una vida revolucionaria*; *La caída de Bagdad*; *El dictador, los demonios y otras crónicas* y *La herencia colonial y otras maldiciones*, entre otros. Anderson mantiene una larga relación con América Latina, donde empezó su carrera periodística. Frecuentemente imparte talleres para sus colegas latinoamericanos en la Fundación Gabriel García Márquez para el Nuevo Periodismo, con sede en Cartagena de Indias, Colombia.

CRÉDITOS DE FOTOGRAFÍAS ★ BENJAMÍN ALCÁNTARA 19, 24, 25, 26 **ALEX COSSÍO** 2, 38, 39, 56, 62, 63, 66, 67, 95, 106, 110 (2), 111, 112, 113 (2), 119, 121, 122, 123, 132, 133, 162, 163, 168, 169, 170, 171, 174, 179, 175, 176, 177, 197, 200, 201, 202, 203, 204, 205, 242, 243 **JORGE DUEÑES** 3, 4, 5, 6, 7, 8, 11, 20, 22, 23, 30, 31, 32, 33, 34, 36, 37, 40, 42, 43, 44, 45, 49, 74 (2), 75, 76, 77 (2), 84, 93, 96, 97, 100, 102, 103, 104, 105, 106, 116, 117, 124, 127, 128, 129, 130, 156, 157, 159, 160, 161, 164, 166, 193, 212, 217, 220, 289, 291, 292 **INGRID HERNÁNDEZ** 18 **PABLO NAVAJAS** 16, 28 **SERGIO ORTIZ** 21, 46, 47, 69, 80, 81, 88, 89 (2), 90 (2), 91, 172, 173, 178, 179, 206, 207, 226, 227, 250, 251, 264, 288 **ELIZABETH ROSALES** 17, 27, 29 **CORTESÍA GUILLERMO AYÓN** 78, 268, 269, 270, 271 **CORTESÍA GUILLERMO MAYÉN** 280, 281, 282, 283 **CORTESÍA FAMILIA QUIRARTE** 51, 52, 53, 55, 59, 60, 61, 70, 71, 82, 83, 131, 139, 146, 149, 150, 152, 155, 183, 184, 185, 190, 194, 195, 196, 260, 261, 262, 263, 272, 276, 277, 278, 284, 286, 287 © **AP IMAGES** 12, 65, 68, 79, 86, 98, 134, 135, 136, 142, 145, 192, 208, 209, 210, 224, 225, 228, 232, 235, 236, 237, 239, 240, 241, 249, 252, 257, 258, 259, 266 © **EFE** 114, 118, 126, 244 **REPROGRAFÍA JORGE DUEÑES** 48, 138, 141, 154, 158, 180, 181, 182, 186, 187, 189, 199, 274, 285 **REPROGRAFÍA OMAR MILLÁN** 144

LA FÁBRICA DE BOXEADORES EN TIJUANA
se terminó de imprimir en Offset Santiago, en la ciudad de México, en 2012.